思想

就有怎樣的生活！

人的一切痛苦，
本質都是對自己無能的憤怒

愛默生談
自我實現

目錄

第一章　自立

目錄

第三章　風度

目錄

第四章　性格

目錄

第五章　命運

目錄

第一章 自立

相信自己的思想

相信你自己的思想，相信你內心深處認為對你有益的東西，一定對一切人都適用——這就是天才。

不久之前的某一天，我有幸閱讀了一位傑出的畫家所寫的幾首詩歌。它們新穎極了，不像那些庸俗陳舊的詩歌，說來說去，總是那些陳腔濫調的事情。我們先不要對作品的題材說三道四，因為，敏感的靈魂總能夠從字裡行間聆聽到一種真實的告誡。與這首詩歌所包含的任何思想相比，它所洋溢出來的感情更加彌足珍貴。

相信你自己的思想，相信你內心深處認為對你有益的東西，一定對一切人都適用——這就是天才。如果你把埋藏在心底的信念說出來，那麼，很快，它一定會成為人世間最普遍的感受，因為，我們呱呱墜地時的思想，一定會在「最後的審判」的號角聲的吹奏下回到我們的耳邊。

儘管每個人對心靈的聲音都非常熟悉，但是，我仍然認為，摩西、柏拉圖、漢彌爾頓的最大貢獻就在於他們蔑視書本和傳統，不是自己想到的東西不說。一個人應該學會感受和觀察從自己內心閃過的靈魂微光，而不是盲目地去追逐詩人和聖賢在天空中遊蕩的光影。可是，現實卻令人失望，因為最通常的情況是：人們擅自摒棄了自己的思想，就像丟棄骯髒的垃圾一樣，就因為這是他自己的東西。而在那些天才的每一部作品中，我們都會發現我們拋棄的思想：它們帶著某種久違了的威嚴，又回到了我們身邊。

偉大的藝術作品對我們的教義不過如此而已。它們告誡我們：當對方氣焰囂張、眾生喧譁的時候，我們一定要平心靜氣、堅定不移地堅持我們自己的印象。否則，到了明天，一位陌生人將會說出我們一直感覺和思考著的東西，而他也必將因而一舉成名，而我們，卻不得不從別人那裡「進口」我們自己的見解，而且感到羞愧。

我們每個人在求知期間，總有一天會得出這樣一個結論：嫉妒等於無知；模仿無異於自殺；一個人不管好壞，必須把自己看作自己的命運；雖然廣闊的宇宙不乏善舉，可是若不在自己得到的那塊土地上辛勤耕耘，一粒富有營養的糧食也不會自行送上門來。實際上，蘊藏在他身上的力量非常神奇，因為除了他本人，誰也不知道他有什麼神通，而且，如果不經過親身實驗，就是他自己也不知道自己到底有什麼樣的本領。一張面孔、一個人物、一件事實，給他留下了難以磨滅的印象，可是，在另一個人眼中，卻什麼印象也沒有，這不是無緣無故的。我們無法否認，在這種記憶的刻劃中隱含著一種命中注定的和諧。

眼睛必須被安置在光線照得到的地方，只有這樣，它才能夠看到那道光線。毋庸置疑，我們還要善於充分地表達自我。我們應該勇敢地認為，這種源於我們自身的觀念是非常恰當的，而且一定會產生良好的效果，因此，我們應該忠實地傳達它們。不過，我們應該記住：上帝是不願意讓懦夫來闡明他的功績的。一個人只有全心全意地工作，才能體會到靈魂的寬慰和快樂；如果他說的或做的並非如此，那麼，他將得不到任何的安寧。他所得到的，不過是一種沒有解脫的解脫。還在萌芽之中，他的才能就拋棄了他；沒有靈感的眷顧，就沒有發明、沒有希望，就像沒有陽光就沒有光明一樣。

信賴你自己吧

我堅信，凡是符合我性格的東西就是正確的，而凡是違背我性格的東西就都是錯誤的。如果一個人能夠堅持自我，那麼，這可真夠偉大的。

信賴你自己吧：每一顆心靈都隨著造化的琴弦而顫動，順從天意，在自己的位置上思考。接受這個社會，接受種種事件之中的關聯。偉大的人物向來都遵循此道，而且，總是像孩子把自己託付給父親一樣，把自己託付給他們時代的天才：絕對可信的東西就隱藏在他們的心中。現在我們都是成年人了，所以必須在那些最高尚的心靈接受相同的考驗和命運，而不要躲在角落，當哭哭啼啼的幼兒。請記住：我們是領導者，是拯救者……那麼，向混沌和黑暗挺進吧！

關於這一點，大自然透過兒童、嬰兒甚至牲畜的面孔和行為給了我們神奇的啟迪：在他們那完整的赤子之心中，那種分裂和叛逆的精神，那種對感情不信任的態度，沒有任何的藏身之地。他們的眼光還沒有被馴化，所以，當我們盯著他們的面孔看時，反而是我們先惶恐不安起來。幼兒不順從任何人：人人都得順從他，所以，當大人逗著嬰孩玩時，一個嬰兒會使四五個大人變成嬰兒。同樣，上帝也使青少年和成年人渾身朝氣蓬勃、神采奕奕，使他令人羨慕，使他的要求不容忽視，如果他願意尊重自己的話：這是他們應得的禮物！

不要因為年輕人不能跟你我講話，就認為他們沒能耐。聽，在隔壁的房間裡，他的聲音是多麼地清楚而擲地有聲。他知道怎樣跟他的同齡人講話。不管是羞怯，還是大膽，他們總有自己的辦法，使我們這些長者變得無關緊要。

小孩子們從來就不會為吃飯穿衣而發愁，而且，他們像這個世界上最高貴的老爺一樣，從來不會做點什麼或者說點什麼去討好他人，這種泰然自若的氣質，正是健康的人性態度的自然流露。在客廳裡，孩子們就像劇院裡廉價座位上的觀眾，無拘無束，不負責任，躲在自己的地盤裡，從容地觀察著那些從眼前經過的人事物，而且，以自己迅速、簡明的方式對他們的功過得失打分數：他們有的好，有的壞；有的十分有趣，有的愚蠢透頂；有的能言善辯，有的巧言令色。這些孩子們，他們從來就不考慮後果，也從不計較得失，所以，從他們那裡傳來的判決，一定是這個世界上最真誠、獨立的判決。你得討好他，可他卻不討好你。

可是，對成年人而言，這一切無異於無理取鬧。一旦他有什麼顯赫的行動或言論，立刻萬眾矚目、千夫所指，有的讚美、有的辱罵、有的同情、有的嫉恨，而這，就是加在他身上的無形牢籠。對他們的感情，他無法置之不理，而且，他還必須謹慎地考慮他們每個人的實際情感，所以他舉步維艱。可是他多麼想恢復自己的清白之身啊！所以誰能夠衝破這種種誓約的牢籠，或者雖已履行，現在又能以原來那種不受影響、不受賄賂的赤子之心來履行，誰就一定正氣浩然、令人敬畏。他常常對目前的事態發表見解，這些見解顯然不是出於一己之見，而是為了公益的警世通言，所以，即使他的語氣再溫和，也總是如雷貫耳，令人聞之生畏。

這些，是我們離群索居時聽到的聲音，可是，一旦我們邁出自己的小天地，進入廣大的世界之中，這些聲音就逐漸微弱，乃至無聲無息。社會是一家股份公司，他要求每個成員都遵從契約，達成協議：為了向每個股東提供標準化的食品，就必須消除消費者的自由和教養。所以，它對每個成員的陽剛之氣都恨之入骨，時時刻刻都在密謀著、策劃著，準備對抗、壓制他們。在社會之中，最求之不得的「美德」是順從，而自主則是它所最痛恨的「惡魔」，也就是說，社會喜歡的不是陽光之下生機勃勃的創造者，而是那些死氣沉沉的名義和陳規陋習。

所以，如果誰要當頂天立地的人，就絕不能當循規蹈矩的順民；誰想獲取不朽的光榮，就絕不可被善的名義拘禁，而是要運用自己所有的智慧，弄清楚它到底是善還是惡，或者是什麼其他不分善惡的東西。如果你能夠揭竿而起，從而回歸自我的本源，那麼，我可以毫不猶豫地告訴你，你一定會贏得全世界的贊同。

在我還很小的時候，有一位良師益友總是用教會那古老的教條糾纏我，直到現在，我還記得他絮絮叨叨的說教聲，然而，我記得更清楚的卻是我那不假思索的回答。我說，如果我是完完全全按照內心生活的話，那麼，那些神聖的傳統跟我又有什麼關係呢？我的朋友是個有耐心的人，他循循善誘地啟發我說：「也許這些衝動是從魔鬼那裡來的，而不是從上帝那裡來的呢？」我回答說：「我看未必。不過，如果我們是魔鬼的孩子，那就讓我過魔鬼的生活好了。」

對我個人而言，除了我天性的法則以外，再也沒有什麼神聖的法則。所謂的好與壞，不過是一些名目，今天可以用在這裡，責備這個人，而明天，同樣的東西，又可以用在那裡，讚美另外一個比較幸運的傢伙。我堅信，凡是符合我性格的東西就是正確的，而凡是違背我性格的東西就都是錯誤的。如果一個人能夠堅持自我，在所有的反對勢力面前仍然不為所動，我行我素，彷彿周圍的一切都不過是曇花一現的虛無，而只有他是宇宙中的例外，那麼，這可真夠偉大的。

一想到我們輕而易舉地就向標記和虛名、向社會舉手投降且俯首稱臣，我就感到無地自容。那些舉止得體、談吐優雅的個人對我的影響也許並不總是恰到好處的，所以，我應該雄糾糾、氣昂昂地走路，千方百計說出粗獷的真理。假如惡意和虛榮的魔鬼，穿著慈善的外衣來到你守衛的大門前，你會放它們通行嗎？如果一個憤怒的、一意孤行的人帶著來自巴貝多的最新消息來找我，為什麼我不應該對他說：「疼你自己的孩子去吧，疼你的伐木者去吧：要和善、謙虛，要有那種風度。」我當然知道，這樣向人致意顯得粗暴無禮，可是，我堅定地相信，真話比假仁假義更得體。你的善良必須要有點鋒芒——否則就等於零。仇恨論在嗚咽哀鳴之時，一定要把自己裝點成花枝招展的仁愛論，事實就是如此。當我的天才召喚我的時候，我就會避開父母、妻子和兄弟。我要在門楣上寫上「想入非非」幾個大字。我希望最終的結果要比想入非非好一點，可是，我不能把一天的光陰都耗費在無聊的解釋上面。別指望我會喋喋不休地向你們解釋我為什麼想群居或為什麼想獨處的原因。也不要像眼下的那些善人所做的那樣，對我講什麼我有義務改變所有窮人的處境。難道他們是我的窮人嗎？我是不會把一分一文的錢送給那些不屬於我、又不包括我的人的。可是，有一個階層的人，由於有種種精神上的共鳴，我卻樂意為他們效勞，可以由他們隨意調遣，為了他們，如果必要的話，即使赴湯蹈火，也在所不惜。雖然我不得不承認：有時候，我也不得不破費一塊錢，可那是一塊缺德的錢，不久以後，我就會有勇氣拒絕的。

保持自己遺世獨立的個性

偉人之所以是偉人，就在於他在大庭廣眾之中依然完好地保持了自己遺世獨立的個性。

按照目前流行的標準，與其說規則就是美德，吾寧說例外才是美德。不要總是把一個人和他的德行攪和在一起，他們並不是一回事。人們行善做好事，譬如見義勇為、樂善好施等，沒有什麼好奇怪的。幹這種事情，是人生活在世界上的一種裝飾或賠禮——就像精神疾病患者必須繳納昂貴的膳食費一樣。他們的德行就是贖罪苦修。

我可不想贖罪，我只想好好地生活在這個世界上。我生活是為了生活本身，而不是為了別人的觀瞻。我不願生活光怪陸離、動盪不安，為了過一種真實、平等的生活，我倒寧願降格以求。我要的是健全的生活，而不需要規定飲食。我要的是「你是一個人」這樣的聲明，而不是撇開人只講他的行動。我知道，無論我是做出這些高明行動，或者是避免做出這樣的高明行動，對我本人來說，並沒有任何區別。我不願意在我已經擁有固定權利的地方再出錢購買特權。雖然我才疏學淺，但我卻實際存在著，因此，我不需要為了使我自己安心，或者是為了使我的夥伴安心，而需要別人的保證才能生活。

我要做的事情，一定是與我有關的事情，而不是別人想要我做的事情。無論是在實際生活中，還是在精神生活中，這一規定都一視同仁，所以，完全可以用它做標準來衡量偉大和渺小。因為，你總是發現一些這樣的人，對你的職責，他們認為自己了解得比你自己了解得更清楚，因此，這一規定就顯得更加嚴酷了。在茫茫人海中，按照世人的觀點生活很容易；在離群索居時，按照自己的想法生活也並不困難；可是，偉人之所以是偉人，就在於他在大庭廣眾之中依然完好地保持了自己遺世獨立的個性。

為什麼我反對你們順從那些腐朽墮落的習俗呢？因為這樣沒有任何的益處，而只會分散你的注意力。它浪費你寶貴的時間，使你在人們的腦海中印象模糊不清。而且，在這樣的生活中，多少寶貴的精力悄悄地溜走了。然而，只要做你自己的工作，不管它是高貴的工作，還是平凡的工作，人們就會了解你。只要做你自己的工作，你就會逐漸地充實你自己。作為人，我們必須考慮這樣的事情：順從這種無聊的把戲，完全是在和生活捉迷藏，而我們本來是應該投入到生活中去的。只要不是傻瓜，誰都會知道這裡面千篇一律的鬼把戲。譬如，如果我知道了你的派別，在你還沒有開口說話之前，我就已經知道了你的論調。再比如，我曾經聽說一位牧師把該教會制定的一種制度的權宜之計宣布為布道的題目，我早就知道了，在他那陳腐的嘴巴裡不會吐出一句新鮮自然的話來。儘管他巧舌如簧，把制定制度的根據說得天花亂墜，我也知道，他絕不會按照自己所說的去做一丁點的。我敢保證，他只看問題的一個方面，也就是教會允許看的那個方面，而且，他不是作為一個個人去看的，而只能作為一個教區牧師去看。難道我不知道，他不過是一個受聘的律師，在法官席上的那些派頭，都不過是無聊透頂的裝腔作勢而已。

唉，大多數人已經作繭自縛了，用一塊庸俗的手絹矇住了自己的眼睛，把自己拴到某一個通用的觀點上。這種順從不僅使他們在幾件事情上弄虛作假，編造幾句謊言，而是在所有的事情上都弄虛作假，胡說八道。所以，他們的每一個真理都不怎麼真，他們的二不是真正的二，他們的四也不是真正的四。因此，從他們口中說出來的每一句話都使我們懊惱萬分，我們不知道該從哪兒著手，叫他們改邪歸正。

我們為什麼要有頭腦

如果拘泥於一成不變的陳規陋習，那麼偉大的靈魂就永遠一事無成，或者說，就永遠不會產生偉大的靈魂。

有一點我們必須說在前面，由於你桀驁不馴、特立獨行，為庸俗的陳規陋習所支配的世人一定對你吹毛求疵。因此，我們就要學會懂得如何去判斷一張憤怒的面孔。無論是在大街上，還是在朋友的客廳裡，這樣遺世獨立的人一定會遭人冷眼以對。可是，如果這種反感，也像他自己的一樣，來源於輕蔑和反抗，他不妨垂頭喪氣地回家了事。可是，在大多數時候，群眾憤怒的面孔，和他們欣喜的面孔一樣，並無深沉的原因，而是像秋風中的玉米一樣，隨著風向而變化，受報紙的操縱而轉換。

然而，我們還要清楚一點，對一位閱歷深沉、性格堅強的人來說，忍受有教養的階級的憤怒倒不是什麼困難的事情。因為，他們是一群膽小怕事的動物，所以，他們的憤怒也總是按部就班的，因而不堪一擊。

還有另一個恐懼使我們不敢自信，那就是我們總是要求前後一致。我們往往把我們過去的言行奉若神明，因為，在別人的眼裡和心裡，除了我們過去的行為之外，再也沒有另外的資料來推算我們的軌跡，而且，一般來說，我們也不願意使他們大失所望。

可是，我們必須追問一句：為什麼我們要有頭腦呢？為什麼你總是把記憶的屍體拖來拖去，作為現實的例證呢？好像你害怕你在某個公共場合發表的言論與你的記憶自相矛盾，可是，那又有什麼大不了的呢？因為我們並不是為記憶而生活的啊！而且，智慧的一個標準似乎就是絕不一味地遷就你的記憶，甚至也不信賴純記憶的行為，而是把記憶帶到眾目睽睽的現在進行審查、鑑定，並永遠生活在一個新的時代裡。你已經拒絕把上帝人格化的舉動：然而，當靈魂的種種虔誠到來之時，那就全心全意地服從它們好了，儘管它們竟然讓上帝賦予了形體和色彩。

如果拘泥於一成不變的陳規陋習，那麼偉大的靈魂就永遠一事無成，或者說，就永遠不會產生偉大的靈魂。如果是這樣，那他還不如去關心牆壁上自己的影子呢。現在你有什麼想法，就用斬釘截鐵的語言說出來吧，明天再把明天的想法用斬釘截鐵的語言說出來，儘管它可能跟你今天所說的每一件事情都自相矛盾——「啊，那你一定會遭人誤解！」——不過，難道遭人誤解就那麼糟糕嗎？畢達哥拉斯被人誤解過，蘇格拉底、耶穌、路德、哥白尼、伽利略、牛頓……凡是有過血肉之軀的每一個純潔和智慧的精神都莫不如此。要偉大就要遭人誤解，要偉大就不要畏懼別人的誤解。

誰也不能違反天性

滴水穿石，性格的力量是在不斷地累積中形成的，從前的美好歲月就是我們今天最好的儲蓄。

我想，有一點是毋庸置疑的，那就是：我們誰也不能違反自己的天性。他意氣風發的精神來源於他存在的規律，猶如安第斯山和喜馬拉雅山，儘管它們峰迴路轉、重巒疊嶂，可是，在地球的曲線中，它們不過是滄海一粟，仍然顯得微不足道。無論你怎麼考驗一個人都不過分：一個人的性格，不管是把它順著讀，倒著讀，還是斜著讀，都是一樣的。

上帝允許我過這種令人愉快、表示懺悔的林中生活，在這樣的生活中，讓我既不瞻前，又不顧後，只是把我真誠的思想逐日記下來，我毫不懷疑，人們將會發現這種思想對稱和諧，儘管我無意如此，也看不出它具有這種性質。我的書應該散發出松樹的芳香，迴響著昆蟲的鳴叫，我窗前的燕子也應當把牠嘴上銜的線頭、草莖編織到我的網裡。我們是什麼樣子，別人也會把我們看成什麼樣子。性格的教育功能遠在我們的意志之上。人們總以為他們僅僅借助於外部的行為來傳達他們的善與惡，殊不知善或惡時時刻刻都在散發著一種氣息。

儘管現實變化萬端，人類的行為也千變萬化，但是，卻總有一種一致性貫穿其間，就像一根絲線把眾多凌亂的顆粒連接成項鍊一樣，這樣，人類的每一個行動在關鍵時刻都顯得誠實而自然。因為，不管人們的行為怎樣的千差萬別，但是由於總是出於一個共同的意識，因此，仍然非常和諧地貫穿在一起。在思想保持著一定的距離、一定的高度時，那種微妙的差異就不足為道了，一種共同的趨勢把它們連為一體了：最好的船隻的航程也是曲曲折折的，可是，如果從遠處看這條航線，它就變得筆直，接近了平均的趨勢。

你不用滔滔不絕地為自己的所作所為辯解，你真正的行動就是最能言善辯的嘴巴，它不僅會把你自己的一切解釋得清清楚楚，而且還會把你其他真正的行動解釋得明明白白。而你的順從卻使你變成啞巴，讓你什麼也解釋不清楚。獨立行動吧，你的一切作為都會一一證明你是正確的，而偉大，則需求助於未來。如果你今天堅定不移，把事情做對了，並且對人們的眼光一笑置之，那說明你以前一定做對了很多事情，為的就是現在為自己辯護。不管將來如何，現在把事情做對。如果你能夠永遠蔑視外表，那你永遠都可以把事情做對。

滴水穿石，性格的力量是在不斷地累積中形成的，從前的美好歲月就是我們今天最好的儲蓄。是什麼造成了議會和戰場上的英雄們的威嚴，它是如此令人心情澎湃？我可以回答你們：是對昔日一連串偉大歲月和勝利的自覺意識！這些偉大的歲月和勝利合成一束光輝，把奮勇前進的行動者照亮。他好像由一隊看得見的天使護送著。正是這種東西把威嚴送進了華盛頓的舉止，把美國投進了亞當斯的眼簾。對我們來說，榮譽令人肅然起敬，因為它不是曇花一現的東西。它一直是古老的美德。我們之所以今天崇拜它，就因為它不屬於今天。我們熱愛它，我們敬仰它，因為它不是捕捉我們的熱愛與景仰的陷阱，而是能夠自力更生，因而具有一種古老純潔的血統，即便表現在一個年輕人身上，也是如此。

讓順從見鬼去吧

作為一個真正的人，我們一定要頂天立地，使周圍的一切都顯得無關緊要。每一個真正的人就是一個起因、一個時代。

我希望，這是我們最後一次聽到「順從」這個糟糕的詞語。就讓我們從現在開始，把它們扔進垃圾桶中去吧，讓它們回到自己應該待的地方去，滿目骯髒，並且變得荒誕無稽。讓我們再也不要點頭哈腰、賠罪道歉了。一位偉大的人物要來我家用餐，我無意討好他，我倒是希望他應該想辦法討好我。我要站在這裡維護人性，儘管我想讓它慈悲為懷，但我更要使它真心誠意。讓我們冒天下之大不韙，譴責當代那種圓滑平庸、沾沾自喜的作風，並把已成為一切歷史結論的事實擲到習俗、貿易和公司的面前：哪裡有人做事，哪裡就有一個偉大負責的思想家在工作；一個真正的人不屬於別的時間與空間，而是萬事萬物的中心。

哪裡有人類，哪裡就有大自然。他衡量你，衡量一切人，衡量一切事物……在一般情況下，每看到一個社會上的人，我就會聯想到某件其他的事情，或者某個其他的人。而性格和真實，卻不會使你聯想到任何其他的東西，因為它們本身就是天地萬物。作為一個真正的人，我們一定要頂天立地，使周圍的一切都顯得無關緊要。每一個真正的人就是一個起因、一個國家、一個時代。他需要無限的空間來搭建他偉大戲劇的舞臺，他需要無限的時間來表演他偉大的戲劇，他需要無數的隨從來襯托他偉大的事業……而子孫後代，就是他綿延不盡的隨從，緊緊地跟隨著他的腳步，聽從著他無聲的號令！

一個名叫凱薩的人誕生了，他順應時世，縱橫捭闔，多少年之後，我們就有了一個羅馬帝國。基督誕生了，千千萬萬個心靈在他天才的光輝哺育下成長，忠於他的天才，久而久之，人們竟然把他和美德與人的潛力混為一談了。一種制度就是一個人延長了的影子，正如古代隱修會之於獨修者安東尼，宗教改革之於路德，貴格會之於福克斯，衛理公會之於衛斯理，廢奴運動之於克拉克森。西庇阿被彌爾頓稱之為「羅馬的巔峰」。一切歷史很容易把自己分解為少數幾個堅強認真之人的偉大傳記。

那就從現在開始，讓我們重新認識自己的價值，讓我們不再做萬事萬物的奴僕，而是把它踏在自己的腳下，做自己的僕人。這個世界本來就是為我們而存在的，所以，就讓我們放開手腳，建功立業吧！再也不要像慈善堂的孤兒、私生子，或愛管閒事的人那樣，探頭探腦、偷偷摸摸、鬼鬼祟祟。

然而，這樣的情形也並不少見：當一個普通人在大街上或者廟宇裡看見一座高塔或一尊大理石神像時，就感到一種渺小的感覺從自己的心中油然而生，就覺得自慚形穢，因為他發現，與造塔和雕像的本領相比較，自己似乎一錢不值。在他看來，一座宮殿、一尊雕像，乃至一本有價值的書，都具有一種拒人於千里之外的傲岸神氣，很像一套裝飾華麗的用具，似乎對他質問道：「你是什麼人呀，先生？」其實，他忘記了最根本的一點：這一切都是歸他所有，都是他的僕從和用具，它們要邀請他的光顧，祈求他施展本領把它們據為己有——那幅畫在等著我去鑑定呢，不是它在向我發號施令，而是我決定它是否值得稱讚。

有一個老少皆知的寓言，說的是一個酒鬼，爛醉如泥地躺在街上，被人抬到公爵府中，先給他梳洗、打扮，然後再把他安頓到公爵的床上。等他醒過來後，儼然被當作一位公爵，人們極盡阿諛逢迎之能事，並且向他保證，他一度顯得神志不清。這個寓言之所以受人歡迎，就是因為它唯妙唯肖地刻劃了人的處境：人生在世，就是一名醉鬼，然而，有的時候會清醒過來，運用他的理性，發現自己原來是一位真正的王子。

我們的想像欺騙了我們

一旦平民百姓按照獨到的見解行事，光輝就要從國王的冠冕上轉移到志士仁人的布衣上了。

人們有一種根深蒂固的見解，以為讀書是高人一等的事業，可是，在我看來，讀書等於行乞和寄生。是歷史中的想像欺騙了我們。國王和貴族，權力和莊園，比起那些小門小戶的人家和日常工作中諸如約翰和愛德華的小百姓來，是一些更加堂皇的字眼，可是，生活當中的事情對兩者來說卻是相同的，兩者的總數是一樣的。為什麼要對阿爾弗雷德、斯堪德貝和古斯塔夫等奉若神明呢？就算他們功德蓋世吧，難道他們窮盡了天下的恩德？今天，個人的得失全靠你個人的行為，就像以前要靠追隨他們的舉世矚目的腳步一樣。一旦平民百姓按照獨到的見解行事，光輝就要從國王的冠冕上轉移到志士仁人的布衣上了。

這個世界一直被國王們引導著，他們好像法力無邊的磁石，不僅吸引著我們這些平頭百姓，而且還吸引著其他國家的注意力。這個巨大的象徵諄諄教導我們說：人們應當相互尊重，而國王，那高尚而偉大的業主，卻按照自己的律法在人們中間活動著，制定著衡量事物的標準。誰做了好事，他會用榮譽表揚你，而不是用金錢獎勵你，並且以朕代法，指揮一切。對於上面的種種做法，人們往往聽之任之。他們的行為所展現出來的耿耿忠心，就像一種象形文字一樣，儘管這是一種模模糊糊的意識，大家卻用它象徵著他們自己的權利和體面，以及其他每個人的權利和體面。

一旦我們追根究柢，追溯自信的根源，那麼，一切原始行為中所表現出來的那種無窮的魅力就迎刃而解了。那受信賴的人是誰？那種普遍的依賴的原始「自我」又是什麼？為什麼那沒有視差、沒有可測元素、使科學為之茫然的星星，把美的光芒甚至射進了最猥瑣卑劣的行為中呢，只要那裡露出些微獨立的痕跡？它的性能又是什麼呢？

這種環環相扣的追究使我們撥雲見日，正本清源：原來，那既是天才的本質，也是美德和生命的本質之所在，通常，我們用「自發性」和「本能」來命名它們。這種基本的智慧，我們把它叫做「直覺」，爾後的教導，則都是「傳授」。在那種深邃的力量中，也就是在那無法分析的終極事實中，萬事萬物發現了它們共同的根源。因為，在靜謐的時刻裡，生存感從靈魂中冉冉升起，而我們卻懵懂無知。它就是我們，我們就是它，它跟萬物，跟空間，跟光，跟時間也沒有任何區別，而且，如果說有什麼區別的話，它們只不過是同一棵造化之樹上開放的不同的花朵而已。顯而易見的是，它們同根同源。

我們，這些萬物的靈長，宇宙的精華，先分享了萬物賴以存在的生命，然後把萬物看成自然界裡的種種現象，而忘記了我們和它們具有同一個起源。這就是行動和思想的基點。這就是只有不信上帝者和無神論者才予以否認的賦予人智慧的靈感之肺。我們躺在無邊的智慧的懷抱裡，它使我們成為它的真理的接收器和它的活動的器官。當我們發現正義、發現真理時，我們不主動做任何事情，而只是讓它的光輝透過而已。要是我們問這從何而來，要是我們企圖窺探造成萬物起因的靈魂，一切哲學就都成為難解的謎團了。只有它的存在或不在才是我們的智慧能夠證實的一切。每個人都可以區別他心靈有意的行為和他無意識的知覺，而且知道一種絕對的信仰應該歸因於他那些無意識的知覺。他也許在表達那些知覺時會出差錯，可是，他知道這些東西，就像白晝和黑夜一樣，是不容爭議的。我蓄意的行動與獲得不過是在漫遊罷了——毫無根據的幻想，最輕微的自然感情，駕馭著我的好奇和崇敬。

那些沒有思想的人，在陳述自己的知覺和陳述自己的見解時一樣，容易產生矛盾，或者，在前一種情況下更容易產生矛盾。因為他們區分不了知覺和觀念。他們滿以為我想看見這件事就看見這件事，想看見那件事就看見那件事。然而，知覺不是異想天開的，而是不可避免的。如果我看見了一種特性，那麼，我的孩子們隨後也會看到它，最後，全人類都會看到它——雖然，碰巧在我之前並沒有人看到過它。而且，這也沒有什麼大驚小怪的，那不過是因為我對它的知覺如同太陽那樣，是一件明晃晃的事實罷了。

靈魂和神靈之間的關係非常的純潔，所以，不要痴心妄想，去插在他們中間幫助它們，這樣做只會適得其反，褻瀆了它們。正確的情況應當是這樣的：當上帝說話的時候，他傳達的應該並不是一件事情，而是所有的事情，所以，他應當使自己的聲音響徹全球，他應該從頭開始，重新創造生活，把光明、自然、時間、靈魂等從思想的中心發散出來……每當一顆純粹的心靈接受了一種神聖的智慧的時候，一切舊事物就會煙消雲散：手段、導師、經文、寺廟……都將崩潰，片瓦無存；這個心靈生活在現在之中，生活在過去與未來全都為現在所包容的時刻之中。因為與他息息相關，萬物都顯得神聖、清潔，而且彼此之間不分高下。

因為一個共同的起因，萬物都被納入到了一個共同的中心之中，而且，在普遍的奇蹟顯身的時候，那些微小、特殊的奇蹟就消失了。因此，當一個人對你聲稱他了解上帝，並大談特談他對上帝的種種見解，而且使你淪入另一個國度的某個古老民族的陳詞濫調之時，那麼我告訴你，不要理他，讓他自己對自己大放厥詞吧！

在這個世界上，最為功德圓滿的，與其說是橡樹，還不如說是橡實呢！一個人是把自己的成熟顯現在父親的身上，而不是讓它在孩子的身上展現吧？因此，為什麼還要喋喋不休地說什麼過去呢？為什麼還要對過去頂禮膜拜呢，好像那就是你所追求的全部似的？一個個世紀過去了，在那一個個的世紀中，針對靈魂的健全與權威而進行的陰謀反對從來就沒有停止過。請記住：靈魂就是光明，哪裡有靈魂，哪裡就有光明，它在哪裡消失，哪裡就必然為黑暗所淹沒，而時間和空間，不過是眼睛造成的生理顏色而已；還有，如果歷史不僅僅是關於我們的存在和形成的美好寓言的話，那麼，它就是一種粗魯的行為，一種傷人的舉動，一種貽害無窮的陷阱。

人總是膽小怕事……………………

如果我們生活得真實，那麼在我們眼中顯現的也只有真實，那就像強者永遠堅強，而弱者只能軟弱一樣。

我算是看到了，現在的人越來越膽小怕事，整天一副內疚的樣子，好像他犯下了什麼滔天大罪似的。剛強的氣質已經棄他而去了，他再也不敢說「我認為」、「我就是」這些擲地有聲的語言了，而只會引經據典，用自己的嘴巴去說別人的語言，而且，去說那些死人的語言。面對著一片草葉或一朵盛開的玫瑰花，他也氣餒萬分，無地自容。可是，我窗前的玫瑰花卻從來不理會從前的玫瑰花，或者那些比它們更美麗的玫瑰花，它們只關心自己的現狀。它們一定在心中默默地說：「今天，我們與上帝同在！」對它們來說，沒有什麼時間，也沒有什麼空間，有的只是玫瑰。只要存在著，時時刻刻，它都是盡善盡美的。在花蕾還沒有綻開的時候，它的整個生命就已經興奮不已了。在盛開的花朵裡不見其多；在無葉的根莖中也未見其少。它的天性得到了滿足，它也滿足了大自然，時時刻刻都是一樣。

然而，人卻總是生活在延宕之中，他牢固地把持著記憶，不肯放鬆哪怕是很短的一會兒工夫，所以，他不是生活在現在，而是眼睛向後，在為過去而傷懷不已；要不，他就對周圍的財富置之不理，卻使勁地踮起腳尖，對未來的日子趨之若鶩。我們必須警告他們，如果他們不跟大自然一起超越時間，從現在開始生活，那麼，他永遠也不會快樂，也永遠不會堅強。

毋庸諱言，這一點應該是一目了然。然而，看看那些堅強的智者，他們竟然不敢聽上帝本人的話，除非他說的是我所不了解的大衛、耶利米或保羅的語句。我們總不能永遠對著幾篇經文、幾篇傳記過日子吧？我們就像一些小孩子，只會死記硬背那些老奶奶和家庭教師的語句，等長大以後，又只會死記硬背那些我們偶然看到的有才氣、有個性的人們的語句——中規中矩，不辭辛苦，就是為了回憶起人家說過的原話；後來，等我們具備了曾經說過這些話的人們的能力時，我們才算真正地理解了那些人，才願意把那些話丟開，因為，時機一到，我們隨時隨地都可以把話說得一樣得體且才華橫溢。

如果我們生活得真實，那麼在我們眼中顯現的也只有真實，那就像強者永遠堅強，而弱者只能軟弱一樣。當我們獲得了嶄新的知覺時，我們將很樂意把儲藏在記憶中的財寶一股腦兒丟掉，就像我們扔掉那些無用的垃圾一樣。當一個人與上帝生活在一起時，他的聲音就像潺潺的溪水和沙沙的谷田一樣甜美。

現在，已經到了關鍵時刻，可是，關於就這一命題的最高真理仍然沒有被談到，而且，我想，大概我們也無法談論它，因為，我們所談論的一切，只不過是對直覺的遙遠記憶。現在，我透過最事半功倍的手段而表達的思想就是下面的情況：當善接近你的時候，當生命光臨你的時候，那絕對是無法透過司空見慣的管道所能到達的，你是無法發現它的足跡的，你是無法看到它的面孔的，你是無法聽到它的名字的……因為，那種管道，那種善，那種思想，必定像剛剛誕生的嬰孩一樣新鮮，因而，它必定把實例和經驗通通排除在外，因而，你沒有任何的成規舊例可供參考。

沒錯，你腳下的路是從別人那裡來的，可是，它並沒有要你到別人那裡去啊！一切曾經生活過了的人們，都是它的代理者，都是它被遺忘了的代理者。無論是恐懼，還是希望，同樣都生活在它的光影之下。而且，即使在希望之中，也有某種低下的東西。當我們胡思亂想的時候，並沒有什麼所謂的感激之類的東西產生，而且，嚴格地說，也沒有什麼可以稱之為歡樂的東西從中產生。

凌駕於激情之上的靈魂，具有萬能的眼睛，他看見了同一性和永恆的因果關係，發現了真理和正義的自我存在，因為知道萬事如意，便泰然自若。大自然無垠的空間，大西洋，南太平洋——漫長的時間間隔，一年又一年，一個世紀又一個世紀——這一切，都無關緊要。在過去，這種我所想到和感到的東西，構成了每一種原先的生活與環境狀況的基礎，就像現在，它又構成了我現在的基礎，構成了所謂的生和死的基礎一樣。

有用的只是生命……………………………

在自然界中，能力是最基本的標準，有能力者就是正義的化身。大自然淘汰一切無自助能力的孩子，不允許任何無自助能力的東西停留在她的世界之中。

我們應該清楚，對我們這些活著的人來說，有用的只是生命，而不是已經生活過了。一旦靜止，力量便無影無蹤，因為，他永遠存在於從一種舊的狀態向新的狀態過渡的時刻，存在於海灣的洶湧澎湃之中，存在於向目標的投射之中……這是一個令世人討厭的事實，可卻也是靈魂形成的事實，因為，它永遠貶低過去，把所有的財富化為灰燼，把所有的榮譽化為恥辱，把聖徒與惡棍混為一談，把耶穌和猶大都推到一邊……

既然這樣，我們嘮叨自助還有什麼意義呢?因為，只要有靈魂存在，就有力量存在，它不是自信力，而是作用力。談論他助，不僅於事無補，而且只能坐失良機，因為，那不過是一種膚淺的說話方式而已。還是讓我們現實點吧，讓我們回到有依賴作用的事情上來吧，因為它存在著，作用著。當我充當了自我的主宰時，就能夠得到最大限度的服從。除了自己，誰還能做到這一點呢？儘管他不費吹灰之力。我必須借助於精神的引力圍著他轉。當我們談論突出的美德的時候，我們認為它華而不實，那是因為，我們看不到美德就是「巔峰」，也看不到一個人或者一群人，只要對原理有適應能力或滲透能力，就肯定會因勢利導，借助自然規律，征服和駕馭所有的城市、國家、國王、富人和詩人，因為，他們沒有這種自助的能力。

如跟我們在所有其他的論題上所做的一樣，這就是我們以快刀斬亂麻的方式在這一論題上所得到的終極觀點：別無選擇，一切都將轉變為永遠神聖的「一」。自我的生存就是這個宇宙中最根本的屬性，它進入了所有比較低級的生命形式，只是程度有所不同，而且它還根據這種程度制定了衡量善的標準。真實的萬物的真實程度取決於它們所包含的優點。商務、農牧、狩獵、捕鯨、戰爭、雄辯、個人影響等，都是重要的東西，並且作為自我生存的存在和不純行動的實例贏得了我的敬仰。

同樣，我看到同一個規律在自然界中為保護和發展而發揮作用。在自然界中，能力是最基本的標準，有能力者就是正義的化身。大自然淘汰一切無自助能力的孩子，不允許任何無自助能力的東西停留在她的世界之中。一顆行星的起源和成熟，它的平衡和軌道；狂風過後，彎倒的樹木又挺身直立，每一個動植物的生命力……這一切的一切，都是這種自給自足的、因而也是自助的靈魂的表現。

就這樣，一切都集中起來：讓我們不再四處漂流了，讓我們僅僅宣布這個神聖的事實，讓那些強盜一般破門而入的一堆亂哄哄的人、書和制度目瞪口呆、啞口無言吧！讓入侵者把鞋子脫下來，因為上帝就在這裡！讓我們的簡單和純粹裁判它們吧！讓我們對自己規律的順從在我們天生的財富旁邊演示自然的貧困和財富吧……

我們現在是群氓……………………

心地高尚、意念忠誠、目光明澈……只有這樣，他才能夠真正地成為自己的學說，自己的社會，自己的法律。只有這樣，一個簡單的目標在他那裡才可以像鐵一樣堅定不移！

然而，我不無悲傷地發現，我們現在不過是譁眾取寵的群眾。那種可貴的敬畏之心並沒有在人們之間開花結果。他的天才並沒有得到規勸而留在家中，與自己內心的海洋交流循環，而是走出自我靈魂的大門，像一個貧窮的乞丐那樣，從別人的水缸裡去討一杯微不足道的水。

別無選擇，我們必須獨來獨往！我喜歡禮拜開始之前沉默的教堂勝過任何講道。那些人們看上去是多麼遙遠，多麼冷淡，多麼貞潔啊！他們用一塊圍地或一座聖殿把彼此圈住！所以讓我們永遠坐著。我們為什麼應該裝出我們的朋友、妻子、父親或者孩子的那副糊塗樣子，難道就因為他們圍在爐邊坐著，據說和我們有同樣的血統嗎？所有的人都有我的血統，我也有所有的人的血統。我不願因為這個不是理由的理由，就要承襲他們的暴躁或愚蠢，甚至到為它感到羞愧的地步。

然而，你的孤立絕不是一種物質上的孤立，而應當是一種精神上的孤立，也就是說，我們一定要崇高。有時候，全世界似乎都在密謀用誇大的瑣事糾纏你：朋友、客人、孩子、疾病、恐懼、匱乏、施捨……成群結隊地湧來，敲你那私室的門，說道：「出來，到我們這兒來。」然而，我提醒你，一定要保持你原來的狀態；千萬別出來和他們糾纏在一起。那些打擾人們的人和事是滿有能耐的，他們既能夠見縫插針，又能夠見風使舵，所以，我只好用我的冷漠處理他們。不透過我的行動，誰也別想接近我。「只要我們愛什麼，我們就會有什麼，可是，由於貪心不足，我們反而失去了這種愛。」

如果我們不能立即就具備服從與信任的神聖感情，那麼，至少讓我們抵抗一下對我們的誘惑吧！讓我們從現在開始就進入戰爭狀態吧！只要我們說真話，在這個太平的世界裡，做到這一點並不困難。讓那些假殷勤和假慈悲見鬼去吧！再也不要讓那些跟我們交談的受騙的和騙人的人們對我們心存幻想了。讓我們對他們說：父親啊，母親啊，妻子啊，兄弟啊，朋友啊，迄今為止，我一直跟你們相安無事地生活在一起。可是，從此以後，我要做真誠的人。現在我要讓你們知道，從今往後，凡是低於永恆規律的規律我絕不服從。我只要親近，不要盟約。我將努力贍養父母，撫育子女，做一個妻子的忠貞的丈夫——可是，我必須按照一種前所未有的新方式供養這些親屬。我不服你們的習俗。我必須成為我自己。我再也不能為你而毀了自己，或者毀了你。如果你看中我的本質而愛我，我們將會更加幸福。如果你做不到，我仍然願意設法給你你應該得到的東西。我不願意把自己的好惡隱藏起來。我願意真心希望：凡是深沉的東西就是神聖的東西。我願意真心希望：在太陽月亮面前，凡是使我由衷地高興的事，心靈委派的事，我都願意做。如果你高尚，我會愛你；如果你不是這樣，我不願意獻假殷勤去傷害你，也傷害我自己。如果你誠實，可是又跟我的誠實不是一回事，那就忠於跟你志趣相投的人，我也願意去尋求我的同道。我這樣做不是出於自私，而是出於謙恭和真誠。不管我們在謊言中生活了多久，在真誠中生活，同樣符合你的利益，符合我的利益，符合所有人的利益。

難道這些話在今天聽起來會刺耳難聽？我相信，你很快就會跟我們的天性所追求的東西親密無間地生活在一起，而且，如果我們追隨真理，最終，它會把我們安然無恙地帶領出來。不過，這樣做也許會在這些朋友中間產生一種痛苦的感情。是的，我清楚地知道這一點，可是，我絕不會出賣我的自由意志和力量而去照顧他們那脆弱的感情。況且，當人們把腦袋從自己那狹隘的角落中伸出來，投向絕對真理的領域時，人人都會獲得自己理性的時刻，到那時候，他們會心悅誠服地證明我是正確的，而且，會在同樣的原則的支配下立身行事。

在那些無知的群氓中有一種根深蒂固的成見，他們認為你摒棄大眾的標準就等於摒棄了所有的標準，所以就是道德律廢棄論者。那些荒淫無恥的傢伙們總是藉由哲學之名為自己的罪惡貼金。然而，意識的法則常在。有兩種懺悔，我們必須做其中的一種，才能救贖自己的罪過。你可以採用一種直接的方式，也可以採用一種反射的方式，證明自己無罪，從而完成你的一系列職責。考慮你是否滿足了你和父親、母親、表兄弟、鄰居、城鎮、貓、狗之類的關係，其中的任何一個是否能夠責備你。然而，我也可以忽略這種反射的標準，自己赦免自己。我有我自己苛刻的要求和完善的循環論證。許多職務都被稱之為職責，意識法則可拒絕這種稱謂。然而，如果我免除了它的責任，它就使我能夠摒棄大眾的準則。如果有人以為這個法則太寬鬆，那就有一天讓他去維護它的戒律好了。

如果誰勇於丟掉做人的普通動機，而宣言做人類的監工，那就需要他具有某種常人所不具備的神力，要求他心地高尚、意念忠誠、目光明澈……只有這樣，他才能夠真正地成為自己的學說，自己的法律。只有這樣，一個簡單的目標在他那裡才可以像鐵一樣堅定不移！

我們需要能夠革新生活，可是，我們卻發現大多數人都不過是得過且過，他們連自己的需要也滿足不了，更何況拯救社會的重任？他們空有一身凌雲之志，可是又手無縛雞之力，因此，只好忍氣吞聲，日日夜夜，屈身行乞，久而久之，竟然熟視無睹，習慣成自然。

我們管家就等於行乞，我們的藝術、我們的職業、我們的婚姻、我們的宗教，都不是我們選擇的，而是社會替我們選擇的。我們是客廳裡的士兵。我們躲著命運的惡戰，而忘記了，力量恰恰就是在那裡產生的。

如果在自己的第一個事業中失利了，年輕人往往徹底地灰心喪氣，這是他們的通病。如果一個年輕商人失敗了，人們就會添油加醋，說他破產了。如果一位優秀的天才在一所大學裡學習，畢業一年之後，還沒有在紐約或者波士頓的市區或郊區謀得職位，不僅他自己，而且他的朋友們也認為他應該灰心喪氣，抱怨終生。從新罕布希爾或佛蒙特來了一個健壯的年輕人，他把所有的職業都一一試遍了，他趕過車，種過田，當過沿街叫賣的小販，當過牧師，編過報紙，進過議會，諸如此類，不一而足，多年以來，他永遠像一隻貓，從不摔跤，他抵得上一百個城市裡的玩偶。他跟時代齊頭並進，並不因為沒有「學專業」而感到丟臉，因為，他沒有延誤他的生命，而是已經生活過了。這樣，他就不是只有一個機會，而是有成百上千個機會。

讓一個斯多噶放開人們的聰明才智，告訴人們：他們沒有靠著柳樹，不但能夠，而且必須把自己分開。隨著自信的實施，新的力量一定會出現。一個人就是成了肉身的道，生下來就是為醫治萬民，他應當對我們的同情感到羞愧，一旦他按自己的意願行動，把法律、書本、偶像和習俗通通扔出窗外，我們就不再對他可憐，而要對他表示感激和尊敬——而且，那位導師一定會恢復人的光彩，使人名垂青史。

祈禱，意志的弊病

自助的人永遠受神的愛戴和人的歡迎。所有的大門都對他敞開著，有千言萬語向他致敬，榮譽的桂冠全戴給他，所有的目光都急切地追隨著他……

想掀起一場偉大的自助的革命，使自助的精神在人們的一切職責關係中，在他們的宗教中、教育中、事業中、生活方式中、聯繫中、財產中、理論觀點中開花結果，並不是一件多麼困難的事情。

我們應該看到人們從始至終在進行的祈禱是一種多麼愚蠢的祈禱啊！他們所崇拜的神祇並不是什麼勇敢剛毅的神靈。祈禱的時候，他們並沒有把自己的眼睛投向自己的內心，而是向外窺視，企求某種外來的添加物為自己加油，提供某種外在的美德，結果，卻把自己放逐到了自然和超自然的、調停性的和奇蹟般的無窮無盡的迷宮之中。

懇求某種商品——低於整個善的任何東西——的祈禱，都是邪惡的，因為這樣恰恰與祈禱背道而馳。祈禱是從最高的觀點對生活事實的關照，它是一個靈魂在觀察之時的欣喜的靈魂獨白，它是宣告上帝的精神……

然而，如果我們把祈禱變做達到個人目的的手段，就跟雞鳴狗盜沒有什麼區別了，它意味著天性和意識中存在著二重性和不統一。因為，一旦人與上帝聯為一體，他就不會乞求了。到那時，他就會在一切行動中看到祈禱。農民跪在自己的地裡祈禱除去地裡的雜草，船夫跪在船上，一邊划槳，一邊祈禱，這些都是從自然界裡聽到的真正的祈禱，儘管目的都不怎麼高貴。弗萊契的《邦杜卡》一劇中的卡拉塔奇，在人們勸他探究一下奧達特神的心意時，他答道：

他的隱義就在我們的努力中；
我們的英勇就是我們最好的神。

另一種虛假的祈禱就是我們的懊悔。不滿就是缺乏自助精神的展現，也無異於意志薄弱。如果你能夠從中幫助受難者的話，你就去為災難大聲地懊悔吧；可是，如果這不過是一種畫餅充饑的鬼把戲的話，那就請你閉上嘴巴，一心一意地幹自己的事情去吧，這樣，就等於你為補救禍害而做了自己能力所及的貢獻。

我們的同情也是一種卑劣的情感。我們去看望他們，看見他們在哭天喊地，我們就同樣在他們身邊坐下來，陪伴著他們哀號，而不是用一種振聾發聵的方法對他們曉之以理，送來健康，使他們重新與自己的理智神會……這是多麼的粗鄙啊！幸運的祕訣就在於我們手中的歡樂。

自助的人永遠受神的愛戴和人的歡迎。所有的大門都對他敞開著，有千言萬語向他致敬，榮譽的桂冠全戴給他，所有的目光都急切地追隨著他……我們的愛去找他，擁抱他，因為他並不曾需要。我們牽腸掛肚地、滿懷歉意地撫愛他，讚揚他，因為他從來我行我素，把我們的責難根本不放在眼裡。諸神愛他，就因為眾人曾經恨他。「天國的神動輒就去招呼那百折不回的人。」瑣羅亞斯德如是說。

信條，智慧的弊病

一個學生的思想越深沉，他的思想所能接觸到的事物就越多，而且，他因此而獲得的事物也相應地增多，他就越發自負起來。

如果我們說祈禱是人們的意志上的弊病的話，那麼，同樣的道理，他們的信條就是他們的智慧上的一種弊病。他們跟那些以色列人說：「我們不要上帝和我們說話，恐怕我們會因此而死亡。你說吧，隨便你們中的哪一個人跟我們說，我們都願意聆聽、順從。」無論走到哪裡，我都無法遇到我兄弟心中的上帝，因為，他已經關上了他的廟門，僅僅在重複他的兄弟的上帝，或者他兄弟的兄弟的上帝的寓言。

每一顆嶄新的心靈就是一種嶄新的類別。如果它證明了一個具有不同凡俗的活動與能力的心靈，證明了一個洛克，一個邊沁，一個傅立葉，那麼，它就把自己的類別強加於他人了。看，一種嶄新的體系！一個學生的思想越深沉，他的思想所能接觸到的事物就越多，而且，他因此而獲得的事物也相應地增多，他就越發自負起來。然而，這一點在教義和教會中展現得淋漓盡致，因為，教義和教會也是按照責任的基本思想而跟人和上帝的關係行動的某種偉大的心靈類別。加爾文派、教友派、斯維登堡派……都是這樣。學生喜歡讓一種事物服從新的術語，就像一個剛剛學了生物學的女孩子喜歡從中看到新土壤和新季節一樣。過上一段時間，學生就會發現，透過研究老師的心靈，他的智力增長了。然而在所有失常的心靈裡，這種類別被偶像化了，它被看作目的，而不是一種可以很快用盡的手段，所以，在他們看來，在遙遠的地平線上，體系的牆和宇宙的牆混為一體了。在他們看來，天上的日月星辰就掛在他們老師建造的拱頂上。他們無法想像，你們這些門外漢怎麼會有權看到——你們怎麼能看見？「那一定是你們用什麼辦法把光從我這兒偷走了。」

他們還無法看出那種光由於不成體系，頑強不屈，會射進任何荊室蓬戶，甚至他們自己的也不例外。就讓他們議論片刻，然後，把它據為己有吧。如果他們心地誠實、行為得體，那麼，他們整潔、嶄新的家畜欄當下就顯得太狹窄、太低矮，當下就會有裂縫，就會傾斜，就會腐朽，就會消失，而那不朽的光既年輕又快活，霞光萬道，絢麗多彩，將會普照宇宙，就像它在第一個清晨做過的那樣。

堅持自我，修養自己

能教莎士比亞的老師在哪裡？能指導富蘭克林、華盛頓、培根或牛頓的導師又在何處？每一個偉大的人物都是無與倫比的。

我們還應該檢查一下自我修養的情況。正是由於缺乏自我修養，所以人們便瘋狂地迷信旅遊，把義大利、英國、埃及奉若神明。直到現在為止，所有受過教育的美國人仍然對旅遊趨之若鶩。就是這些人，使英國、義大利或者希臘，在人們的想像中變得巍然高大，令人肅然起敬，但他們自己，卻像一根地軸，永遠固守在原地不動。在我們進行決斷的時候，我們感到職責就在我們的職位上。靈魂絕不是一個東遊西蕩的旅遊愛好者。智者總是足不出戶，如果有必要、有義務，叫他在什麼場合離開他的住所，或者到外國去，他也毫無怨言，但他好像仍然待在自己的家裡，而且還用他的面部表情使人們意識到，他是在傳播智慧和美德，像一位君王一樣訪問一個個城市和人物，而不是像一個得過且過的攤販或僕人。

請注意，我並沒有武斷地反對為了藝術、為了研究和慈善目的的環球旅行，只要人首先喜歡家居，並不指望透過旅遊獲得比他已掌握的知識更高超的知識而出國，那請他隨便好了。可是，如果誰為了取樂，為了獲得他手裡沒有的東西而旅遊，那麼，誰就在脫離自身地旅行，而使自己混跡於老古董之中，即便是青春年少的好韶光，也很快就會腐朽老去。在底比斯，在帕邁拉，他的意志和心靈，已經變得像那些城市一樣，古老而坍塌。他把廢墟帶進了廢墟。

對於傻瓜而言，旅遊是最快樂的天堂。我們最初的旅程使我們發現：對我們來說，地方無關緊要。在家裡，我夢想著：在拿坡里，在羅馬，我可以陶醉在美的海洋中，丟掉我的憂傷。我打點好衣箱，擁抱過朋友，登船航海，最後在拿坡里醒來，旁邊還是那嚴峻的事實，那個我原來逃避的、毫不退讓的、同一個憂傷的自我。我尋找梵蒂岡和那些宮殿。我假裝沉醉在景色和聯想中，可是實際上，我從來就沒有沉醉過。無論走到哪兒，我的巨人都陪伴著我。

還有，我們必須警惕，對旅遊的狂熱是影響整個智力活動的一種更深刻的不健全的徵兆。如果是這樣的話，那麼，我們的智力就是漂泊不定的，我們的教育制度所培養的就是騷動不安。儘管我們的身體被迫待在家裡，可是我們的心靈卻仍然無家可歸。我們模仿，除了心靈的徬徨之外，模仿還會是別的什麼東西呢？我們的房屋是按外國情調建築的；我們的櫥架是用外國的裝飾品裝飾的；我們的見解，我們的愛好，我們的才能，都一無是處，仍然追隨著「過去」和「遠方」。

靈魂在藝術已經繁榮的地方創造了藝術。藝術家正是在他自己的心靈裡尋找他的原型。那只不過是把他自己的思想運用到要做的事情上和要觀察的環境中。既然這樣，我們為什麼還要照搬哥德式的原型呢？思想的美、便利、宏偉以及離奇的表現，離我們離他人都是一樣近，如果美國的藝術家願意滿懷希望和愛心研究他要做的事，考慮過氣候、土壤、白天的長度、人民的需要、政府的習性和形式之後，他就會創造一座人人都覺得住起來合適的房子，而且情趣也會得到滿足。讓我們堅持自我吧！千萬不要模仿。只要你終生都在修養自己，那麼，終究有一天，你的天賦會光彩耀人。然而，如果你對別人的才華亦步亦趨的話，那麼，你只能臨時地、部分地占用它。每個人所能做得最出色的事情，只有他的造物主才能教給他。除非那人把它表現出來，否則，它究竟是什麼，誰也不知道，也無法知道。能教莎士比亞的老師在哪裡？能指導富蘭克林、華盛頓、培根或牛頓的導師又在何處？每一個偉大的人物都是無與倫比的。

無論你怎麼研究莎士比亞，你也永遠造不出第二個莎士比亞來了。好好地做指派給你的工作吧，不可奢望太高，膽量過大。此時此刻，給了你一種表達方式，勇敢而崇高，猶如埃及人的巨型泥刀，摩西或但丁的大筆，但又跟這些不盡相同。靈魂儘管滿腹珠璣，辯才無礙，也不可能屈尊重複自己，然而，你如果能聽見這些鼻祖說的話，你肯定也能用同樣一種音調回答他們。因為耳朵和舌頭雖然是兩種器官，卻是一種性質。住在你生命中淳樸、高尚的地域，服從你的心聲，你一定會再現以前的世界。

相信自己，做自己的神靈

如果誰知道力量是與生俱來的，知道他之所以軟弱，就是因為他沒有從自身尋求善，有了這種領悟，他就會毫不遲疑地依賴自己的思想，立即改正自己，挺身而立，駕馭自己的軀體，創造奇蹟。

最後，不僅我們的宗教，我們的教育，我們的藝術，眼睛朝外看，而且，就連我們的社會精神也同樣如此。人人都以社會改良為榮，然而在我看來，卻沒有一個人有所改良。

還是讓我實話實說吧：我們的社會從來就沒有前進，它在一個方面有所退步，而在另一個方面則有所進步，而且，速度都是一樣的迅速。它不斷地變革著：有野蠻社會，有文明社會，有基督教社會，有富裕社會，有科學社會……然而，我們必須清楚，這種變革並不是改進，因為，有所得，必有所失，社會獲得了新技藝，卻失去了舊本能。情況就是如此。

衣著考究、能讀會寫、談鋒甚健的美國人，跟赤身裸體的野人形成了多麼尖銳的對比啊：前者口袋裡裝著懷錶、鉛筆和匯票，後者的財產卻只有一根木棍，一支長矛，一張草蓆，和一間許多人共寢的棚屋！然而，如果把兩者的健康狀況加以比較，你一定會看到白人已經喪失了他原有的體力。

我們這些所謂的文明人。發明了馬車，卻喪失了對雙足的利用，這和他雖然用拐杖支撐著身體，然而卻失去了肌肉的不少支撐是同個道理。他有一塊高級的日內瓦表，卻喪失了依據太陽定時的本領。他有一份格林尼治天文年鑑，一旦需要，保證可以得到資料，然而，在大街上行走的普通人，卻認不得天上的星星。他不會觀察二至點，對二分點他也不甚了了。他的筆記本損害了他的記憶力；他的圖書館使他的智力承受不了；保險公司增加了事故的次數；機器是否沒有危害；我們是否由於講究文雅反而喪失了活力，是否由於信奉一種扎根於機構和形式中的基督教而喪失了某種粗獷的氣質，這些都是問題。因為每一個斯多噶都是一個斯多噶；然而在基督教世界裡，基督徒又在哪兒呢？

在道德標準上出現的偏差，並不比在高度或塊頭標準上出現的偏差多多少。現在的人並不比過去的人偉大，也不比他們渺小。我們可以清楚地看出，古代的偉人與現在的偉人幾乎難分高下。十九世紀的科學、藝術、宗教和哲學一起發揮作用，教育出的人物並不比普魯塔克兩千三四百年前筆下的英雄們更偉大。人類並不是隨著時間的推移而進步。蘇格拉底等人都是偉大的人物，然而，他們並沒有留下類別。每一個時期的技藝和發明僅僅是那個時期的裝束，並沒有振奮人心。

每隔一個時期，人們就要淘汰一批工具和機器，看到這種現象，我真覺得有點不可思議，因為，就是這些東西，幾年前或幾百年前還被人採用過，而且曾經引起過轟動。偉大的天才都具有返樸歸真的能力。我們把戰爭藝術的改進看作科學技術改進的成就，然而，拿破崙卻依靠露營征服了整個歐洲，其中有依靠赤手空拳的英勇，也有孤立無援的險境。這位皇帝認為，無論是誰，也不可能建立一支完善的部隊。拉斯·卡斯說：「並沒有消滅我們的武器、彈藥和車輛。然而到了後來，士兵仿照羅馬人的做法，竟然自己解決糧食供應，用手磨磨麵，自己烤起麵包來。」

社會如同一個巨大的波浪，波浪不停地向前運動著，然而，構成波浪的水卻沒有向前運動。同一個粒子不會從波谷上升到波峰。所以，波浪的統一僅僅是表面現象。今天一些人創建了一個國家，明年一死，他們的經驗也就跟他們一起，付諸東流。所以，對財產的依賴，包括對保護財產的政府的依賴，是缺乏自助的表現。在人們的眼中，總是充滿了東西，但就是沒有人的地位，他們把宗教的、學術的和政府的機構視為財產的衛士，他們極力反對對這些機構的攻擊，因為，他們覺得這就是對財產的攻擊。他們估價彼此的標準不是一個人是什麼，而是一個人有什麼。然而，一個有教養的人出於對自己天性的新的敬重，便為自己的財產感到羞愧。他特別憎惡他所擁有的東西，如果那不是他勤勞所得的話，也就是說，如果它是意外到手的話——透過繼承，饋贈，或犯罪所得……於是，他感到那不是所有物，那不屬於他，在他身上沒有根基，僅僅是放在那裡，因為革命，強盜沒有把它搶走。然而，一個人是什麼，總是要透過需要來獲得的，人所獲得的東西，是活生生的財產，它不是聽命於統治者、暴民、革命、火災、風暴或破產的指使，而是人在哪裡呼吸，它就永遠在那裡自我更新。阿里哈里發說：「你的全部或部分生命在追求你，因而你就停止追求它吧。」

我們對外國貨物的依賴，導致了我們對數量的盲目崇拜。千萬雙眼睛在注視，千萬隻臂膀在揮動，面對這種場景，年輕的志士便感到比以往更加堅強。改革家們也如出一轍，又是召集會議，又是投票選舉，還做出大量的決定。別這樣，朋友們！只有反其道而行之，上帝才肯垂顧，從而進駐你的心靈，使你的生命之樹常青。

一個人，只有擺脫了一切外援，獨立於天地之間，我才會看到他的強大和成功。他的旗幟下每增加一名新兵，他就變得虛弱一些。也許有人會問：難道一個人還不如一座城？問得好，不過我還是用我的回答否定你的問題：別有求於人，在千變萬化之中，只要你立穩了臺柱，不久就一定有人出現並支持你周圍的一切。如果誰知道力量是與生俱來的，知道他之所以軟弱，就是因為他沒有從自身尋求善，有了這種領悟，他就會毫不遲疑地依賴自己的思想，立即糾正自己，駕馭自己的軀體，創造奇蹟，就像一個靠雙足站立的人，比一個用頭倒立的人更加有力一樣。

所以，讓我們用自己的雙腳站立起來，竭盡全力，利用那被人們稱為「命運」的一切東西。大多數人在跟它進行一場空前絕後的賭博：是滿盤皆贏，還是輸個落花流水，那就全看它的輪子怎麼轉動了！然而，有一點，你卻必須注意，那就是：務必把這些贏得物當作非法的東西擱下，並且跟「因果」——這上帝的司法官——打交道。

有「目的」地工作、獲取吧，因為，你已經拴住了「機緣」的輪子了，從此以後，無論它如何旋轉，你一定會處之泰然，無所畏懼。一次政治上的勝利，一次純利潤的增加，疾病的痊癒，久別朋友的歸來，或者別的什麼好事情，都會振奮你的精神，使你相信更加美好的日子就在前頭。不過，請不要埋怨我給你潑涼水：什麼也別相信，或者說，如果一定要相信點什麼的話，那就把自己當作自己的神靈吧！因為，除了你自己，什麼也不能給你帶來安寧，除了原理的勝利，其他的勝利都是有害的幻象，因而也不能給你帶來什麼安寧。

第二章　力量

生活就是對力量的追求

所有偉大的首領都是依靠順應技巧的規則，靠著使自己的努力適應於障礙，而獲得了巨大的成就。

人類之車滾滾前行，來到了今天，可是，我們仍然發現，我們無法為一個人所可能具有的才能開列一張清晰的單據，而我們所能做的，只是把一個人的見解奉為金科玉律。又有誰能夠為一個人的影響力劃定一條界線呢？是有那麼一些人，他們能夠把整個民族吸引到身旁，並且引導著人類的生活，然而，他們並沒有什麼特異功能，他們所憑藉的，只是自身和他的民族之間相互吸引的感應力而已。

在人世間，如果無論人的心靈走到哪裡，自然都會和他形影相隨，也就是說，如果人心和自然之間真有這種神祕連繫的話，那麼，也許有些人身上的確蘊藏著無比巨大的磁力，以此，他可以牽引物質和自然的力量；而且，無論他們在什麼地方顯身，各式各樣神奇的手段都會自然而然地在他們周圍凝聚、運轉。

什麼是生活？生活就是對力量的追求。這個鐵打的真理浸透了空間的角落，也瀰漫了時間的時刻：每個瞬間，每條縫隙，它都無所不在。所以，真誠地追求戰無不勝，哪裡有付出，哪裡就有收穫，這也是生活的真理。

所以，我們應該時刻警告自己：珍視事件和財物，不是把它們視為炫耀的裝飾品，也不要把它們視為品德的絆腳石，它們不過是一堆有待開發的礦物質，我們真是在這裡面，找到了力量——一種美妙的礦物質。

如果事件、財物和身體的呼吸，可以把他們的價值物化為力量，灌輸到人的身體之中，那麼，毫無疑問，人可以得魚忘筌：放棄具體的事件、財物和呼吸。這和人們得到了長生不老的仙丹之後，就能夠把那些仙丹從中蒸餾而出的廣闊花園加以拋棄一樣。集求知的智慧和行動的勇氣於一身的品德高潔之人士，是大自然追求的最高目標，而所有這一切，這一切地質學和天文學所薈萃的精神之花，就是對意志的孕育、培養。

眾所皆知，所有成功者都在一件事情上英雄所見略同：他們都是因果論的忠實篤信者。他們相信，事物絕非偶然的產物，當然了，更不是僥倖發展的結果；相反，他們堅信，事物是在規律之手的掌握之下有條不紊地發展的。他們確信，在聯結著事物起源和終結的因果鏈上，絕不會有任何一個薄弱的或者破裂的環節，一切都堅如磐石。

所有寶貴的心靈都有一個共同的特點：相信因果關係，或者說，相信即使是一件瑣碎無聊的事情，也與生活的原則密切相關。他們相信後果，相信報應，或者說，他們相信善良的花朵不會結出惡劣的果實，而惡劣的花朵也絕對不會結出善良的果實。

每位勤奮者所流的每一滴汗水，都必定是這種信念的顯現。最勇敢的人，也最相信法則的張力。所向披靡的波拿巴曾經說過：「所有偉大的首領都是依靠順應技巧的規則，靠著使自己的努力適應於障礙，而獲得了巨大的成就。」

打開時代之鎖的也許是這一把鑰匙，也許是那一把鑰匙，或者是另外的那一把……少不更事的演說家們就是這樣渲染著。然而，他們卻無法得悉：愚蠢才是解答一切時代的鑰匙。我們必須承認，在任何時候，絕大多數人都是愚蠢的，甚至英雄們也無法倖免。除了在特定的輝煌時刻，他們大多數時候，也都籠罩在愚蠢的陰霾之中。毫無疑問，他們都是地球引力、習俗和恐懼的犧牲品。天地間的芸芸眾生總是在日出日落之間打發著日子，他們並不具備獨立自主或者獨立創造的習慣，也正是這一點，才使得強者顯得力量無窮。

力量，天然的造物

請大聲地對自己說吧：健康是第一位的財富。這是亙古不變的真理。

我們無法把成功看作其他的東西，也就是說，我們只能把它看作是一種天然的造物，是天然的體質特徵。古時候的醫生們曾經教導我們說：勇氣，或者說是生命力的強度，與動脈中血氣循環的強度成正比。「每當激動、發火、憤怒，角力、摔跤和搏鬥的時候，體力的維持需要大量的血液，動脈裡就集中了大量的血液，而靜脈裡只有少量的血液流入。而剛毅勇猛的人，歷來就是這種情況。」只要動脈裡有充足的血氣在激盪、吶喊，勇氣和冒險精神就能夠變為現實。而相反，如果血氣毫無節制地流入靜脈，人的精神就會畏縮、怯懦，而他的生活也就可以想像得到：頹喪軟弱而碌碌無為。

我們不要自己欺騙自己，說什麼機遇：在成就中沒有任何機遇可言。對成年人來說，和對兒童一樣，先是一批人興高采烈地加入遊戲，隨著旋轉木馬一樣地旋轉，人們會變得眼花撩亂，而周圍的人，那些隔岸觀火的旁觀者，則冷冰冰地玩著撲克牌遊戲，或者，僅僅是那些有能力負擔重荷的人，才有興致和活力加入遊戲。

請大聲地對自己說吧：健康是第一位的財富。這是亙古不變的真理。疾病讓人膽怯懦弱，怨天尤人，因而變得百無一用：他必須節約自己的生命資源來苟延殘喘。而身體強健、精力充沛的人們，卻可以順利地到達自己的目的地，而且，他身上必然有充足的生氣滋長、蔓延，淹沒了自己的鄰居，流入其他人貧瘠的河流。

一切力量都是天地萬物的本性的顯現，它們都屬於同一個大家庭。如果誰的心靈能夠順應，與自然的法則和諧地生長在一起，那麼，他就能夠順應天下大勢，而且，把它們的力量幻化為自身的力量，使自己變得強大有力。人的本質和事物的本質有什麼不同的地方嗎？沒有任何的不同，他們只是同一種本質的不同化身罷了。所以，人類可以對事物的進程產生共鳴，對其恰如其分地預言。無論什麼事情降臨人間，都首先在他身上發生徵兆，因此，對即將發生的事情，他胸有成竹，與其勢均力敵。一位熟知人類的人必定善於談論政治、貿易、法律、戰爭、宗教……因為，無論在哪裡，人們的生活態度都是一致的。

強勁的脈搏使人受益無窮，這種效果是任何藝術或者同心協力都無法取得的。它猶如氣候，可以不費吹灰之力就使莊稼碩果纍纍，而這，是任何地方，任何溫室，任何灌溉、耕作或肥料都無法達到的造化之功。它好像是在紐約或者君士坦丁堡這樣的城市裡所獲得的機遇，有了它，我們就無須再去耍弄任何手段，去巧取豪奪，籠絡資本，也不需要莽撞行事，拚命發揮自己的才能或者強行苦幹去達到目的。它們像洪水總是流向海洋一般，自然會滾滾而來，源源不斷。

如果這種激發生命力的力量存在於某一個人身上，那麼，我們就無法在另一個人身上找到它，這並不奇怪，就好像一匹馬本身就元氣充沛，那麼，我們就只好到鞭子上去尋找另一匹馬的元氣一樣。

哈菲茲說：「在年輕人的頸項之上，除了進取精神在閃閃發光以外，我們無法再找到其他的高雅寶石。」如果你把自己沸騰的頭腦——裡面裝滿了蒸汽汽錘、滑輪、曲柄和齒輪——帶到任何一個停滯不前的地區，譬如說紐約或者賓夕法尼亞這樣一些古老的荷蘭殖民地，那麼，一切都會光彩熠熠，閃現出價值的光彩。

在一切公司中，不僅有著主動和被動的性別區分，而且，在男人們和女人們中間，還有一種更為重要和深刻的性別區分——心靈的性別！那就是：具有發明和創造能力的男人和女人，以及不具備發明和創造能力的男人和女人，也就是說，他們不會主動地去追求，去掌握自己的命運，而只會聽天由命。

每一位才華出眾的男人，同時一定是他那一群人的領袖和代表。如果說他個人偶然占了上風，出盡了風頭，那並不意味著更多的東西，並不意味著他具有更多的或更少的才能，說白了，那只不過意味著他生有一個士兵或者是一位教師的眼神和魄力，這是一種或者暴躁或者讓人溫馴的眼神——那麼，這樣就只有一個結果：他所有的助手和崇拜者都會心甘情願地依附他，聽命於他，承認他有權駕馭他們，指揮他們，吞併他們……我們都看到了，商人使喚會計和出納；律師的權威被仰慕、追隨；地質學家報告他的下屬們的勘測結果；指揮官威爾克斯將所有那些參加了遠征的博物學家們所獲得的成果據為己有；托瓦森的雕像由石匠們完工；大仲馬也有僱用的短工；莎士比亞是劇院老闆，他利用許許多多年輕人，還有許許多多的劇本……這一切的一切，都證明了這個道理。

力量充沛的人

每一個人都會在另一個人的眼睛裡讀出自己的角色和命運。較弱小的一方會發現，自己所有的知識和智慧，在對方面前都派不上什麼用場。

力量充沛的人不僅自己永遠擁有自己的生存空間，而且，他還會為許多人創造空間。社會是一支由形形色色的思想家組成的部隊，在那裡，那些最睿智的人占據著最有利的地位。軟弱者只會看見那些籬笆已經收拾好的房屋和耕種完畢的田地，並且以此為自己終生的奮鬥目標。而那些強大的人，目中所看見的卻是那些潛在的房屋和農場。對了，是他的眼睛和心靈創造了農莊，就像太陽生成雲彩一樣迅捷、輕便。

這種力量的角逐時時刻刻都在發生著。當一個陌生的小男孩進入一所新的學校，當一個旅行者每天在路上碰見陌生人，或者，當一位新人被引介到一個古老的俱樂部時，那麼，這種情況就要確定無疑地發生，就像太陽每天都要從東方升起一樣。其實，當一頭陌生的公牛被趕進一個被圈起來的牛欄和牧場中時，情況也一樣：一場鬥爭立刻就在新來者和原來的王者之間展開，並一決雌雄，決定出誰是今後的領袖。只不過，在相互陌生的人類之間的角鬥顯得比較客氣而已，可是，在這文明外衣掩蓋下的，卻是一場更加激烈和有決定性的鬥爭：它將決定雙方此後的角色和命運！就是從這以後，當兩個人再次見面時，一種不言而喻的默契，在他們之間油然而生。每一個人都會在另一個人的眼睛裡讀出自己的角色和命運。較弱小的一方會發現，自己所有的知識和智慧，在對方面前都派不上什麼用場。

他原以為自己胸有成竹、知己知彼，而現在，他卻發現自己完全忽略了這種情形的結局。他所知道的一切都無法命中對方，而對方卻箭無虛發。不過，我們應該知道，這時候，即使他通曉百科全書中的一切知識，那對他也不會有任何意義：因為，這種場合最需要的是沉著、冷靜和鎮定，而它們卻在這關鍵的時刻拋棄了他。對手背對著陽光，順著風向，每一次發射都可以從容地選擇兵器和瞄準箭靶。他本人在與其他一些弱於自己的對手較量時，他的箭也都飛行平穩，正中靶心。所以，這不是一個技術問題，而是一個事關腸胃與體質的問題：第二位射手和第一位一樣棒，但他卻沒有第一位射手的那份結實的身體或那副堅韌的腸胃，因此，他的智慧和技術便顯得過於纖巧或不夠纖巧了。

擁有旺盛的生命力…………………………

在我們每個人身上，都有某種特定的本能，它擁有巨大的生命力。

健康是世間的寶物，它是力量，是生命，它驅逐疾病、病毒和其他一切有害於健康的敵人；它既具有免除禍害的能力，也富有開天闢地的創造力。問題的關鍵在於：每個萬物復甦的春天，不論你是用蠟嫁接，還是用黏土移植；無論你是灑石灰水，還是借助於鉀肥……核心的一點是，樹的生命力必須生機勃勃，旺盛有力。

一棵已經適應了土壤的好樹能夠在白天和黑夜生長，能夠在各種氣候下生長，能夠在各種條件下生長……它不畏災禍和害蟲，也無所謂修剪與否，更不在乎是否有人照料。

活力與領導才能必須先天具有，而不可能在後天習得。所以，一切嘀嘀咕咕或吵吵鬧鬧的挑揀，不過是庸人自擾。如果原先就汙穢不堪，那麼我們就只能從髒水中拿起抽水泵。如果要做麵包，我們就必須擁有發酵菌、酵母、酵素等等諸如此類的東西，從而使麵糰順利發酵。就好像一位遲鈍的藝術家不惜一切代價追求靈感一樣：或是借助於美德，或是借助於罪惡；或是求助於朋友，或是把靈魂出賣給魔鬼；或是透過虔誠的祈禱，或是訴諸飲酒作樂。而在我們每個人身上，都有某種特定的本能，它擁有巨大的生命力。無論它是純潔、神聖的，還是粗鄙、邪惡的，它都有著自己的篩選機制，最終，人們會發現，無論如何，這種生命力是和道德的法則和諧一致的。

我們常常帶著一種悲天憫人的神情注視著孩子們，注視著他們身上那種程度不同的恢復能力。當他們受到我們的傷害，或者受到他們自己相互的傷害時，當他們成為年級裡拖後腿的人選時，或者失去了年終獎，或者在遊玩中遭遇「滑鐵盧」的時候……假如他們灰心喪氣，假如他們在自己的家裡，甚至在自己的臥室裡，對此還耿耿於懷，念念不忘的話，那麼，他們一定會遭遇一次嚴重的挫折，但是，如果他們天性活潑，具有抵抗挫折的能力，在新的機會面前能夠重新全神貫注的話，那麼，他們的傷口就會迅速癒合，而且，他們的纖維組織在遇到新的傷害時，會變得更加堅韌而有彈性。

激發原始的力量

最最起碼，他們的憤怒是大膽果敢的，洋溢著強勁的男子漢氣概，而這是一個民族、一個國家前進的最基本動力。

當人們看到所有的困難在這種戰無不勝的健康面前消失得無影無蹤，就像正午的冰雪在陽光照射下一定融化一樣的時候，他們便開始關注這種有益於人類的健康了。在一個國家中，在國會裡，在報紙上，天天聽著危言聳聽、唯恐天下不亂者的叫囂，看著各種幫派肆無忌憚、放蕩墮落。幫派利益猖獗到了這種地步：各種幫派都怒氣衝衝，指天畫地，無視一切後果；他們一手拿著選票，一手提著槍支，下定決心，不顧死活，一條道路走到黑。當一個膽小怯弱而又缺乏主見的人看到這一切、聽到這一切時，他就會輕易地被自己的耳朵和眼睛所矇蔽和欺騙，相信這個國家的黃金時光已經一去不復返了。這時候，他會竭盡全力使自己堅強，從而面對、抵抗即將到來的毀滅。然而，當他一次又一次地以相同的信念預言這一切之後，在政府並沒有一絲一毫的讓步之後，他卻發現事情並非像他所想像得那樣：在這件事情上發揮巨大作用的力量使得我們的政治顯得無足輕重且無能為力。

個人的力量、自由意志和自然資源激發出了每一位公民的每一種能力，而且使它們發揮到極致。此時此刻，我們是如此的意氣風發，鬥志昂揚，我們就像那些生命力旺盛的樹木，無論冰雪、虱子、老鼠和蛀蟲，都無法阻止我們的生長。因此，我們也不會受到那群寄生在國家財富上的蠹蟲之害。而憎恨，由疾病所導致的憎恨，卻證實了身體的力量。在古希臘平民身上所表現出來的力量曾得到這樣的評價：民治政府的弊病往往以放大的方式顯示出來，也就是說，要顯得比實際上的情況嚴重得多，可是，它所喚醒的精神力量和能量完全可以彌補這些弊病。

一個由水手、村民、農夫和技術工人組成的民族，具有粗獷、敏捷的風格，這種風格自有其自身的優勢。力量可以教育驕奢淫逸的權貴。人民總是在引用英國的標準，在這樣的標準的衡量之下，他們使自己矮小起來。西部一位享有盛譽的律師曾經對我說過，他真希望這個國家頒布一條法律：在法庭上，只要誰引用一本英國的法律書籍，就立刻判處他死刑。因為，他依據自己的經驗發現，我們對英國先例的尊重不僅沒有什麼大的幫助，而且簡直可以說是貽害匪淺。譬如說貿易，僅就「貿易」這個詞語而言，它本身就只具有一種英國的意義，而且是一種被英國狹窄的經驗所限定的意義。

只要人民還生活在英國標準的陰影之下，他們就會失去自己，失去自己力量的主權。如果是這樣，那麼，對於領土和公共土地的安排，對於吶喊著的大多數德國人、愛爾蘭人和成千上萬土生土長的本地人進行平衡和遏制的必要性，最終一定會賜予我們——這些獵殺野牛的行家——以敏捷、靈巧、智慧、權威和莊嚴的面容。

人民的本能是合情合理的。對於那些輝格黨人，那些受到國家的尊敬而被推舉為執政者的善良的輝格黨人，對他們在與墨西哥、西班牙、英國或與那些我們自己不滿者打交道的技巧方面，從來就沒有寄予過什麼過高的期望，對於他們，人們所寄予的期望，還不如人們對某些違法亂紀者所寄予的期望高。

沒錯，這種力量並不是什麼溫和的東西，它們沒有在柔軟的綢緞中間包裹得扎實。這是一種私刑的力量，是士兵和海盜的力量。通常說來，它會欺侮那些天性平和忠貞不貳的人們。但是，我們也不可以忘記，它也有自己的解毒劑。請注意，下面的這些話就是我的觀點：通常，形形色色的力量，那些善良的力量和惡劣的力量，那些心靈的力量和身體的健康，那些獻祭的狂喜和淫蕩的憤怒……這一切二元對立的東西總是彼此擁抱著出現在人們之間。

同類的元素總是彼此是對方的身體和影子，只不過，有時候這些因素顯而易見，有時候那些因素又熠熠生輝；有時候，是這些在櫃檯高聲歌唱，而過些時候，它們又潛藏在後臺默無聲息；過去曾經是事物的表面，現在，則是作為同樣行之有效的基礎……我們應該知道，乾旱越是持久，空氣中就越是水氣充足；球越是迅速地落向太陽，它飛速逃離太陽的力量就越大。在人類的道德方面，瘋狂的自由會滋生鐵一樣堅硬的良心。天性特別衝動的人必然才思敏捷，智慧超人。在那些最富有這種粗俗的能量的人們——也就是那些在縣裡或者州裡的祕密政黨會議上遭受兩面夾擊的「喜歡鬥毆鬧事的傢伙們」——他們當然有令人瞠目結舌的惡習，但他們身上也有諸如勇氣和力量之類的健康的秉性。儘管有時候他們凶狠、野蠻、無恥，但是，有時候，他們卻坦誠、直率，表裡如一、憎恨虛偽。

我們總是抱怨政治被壞傢伙們篡奪去了，但是，有點矛盾的是，大家似乎又一致認為：慈悲的牧師和品德高尚的聖賢並不是國會的合適人選。政治是一種自身帶有毒素的職業，是一把雙刃劍，猶如那些有毒的手工藝品。當權之人沒有信念，他也不需要信念。然而，不論是為了哪一種信念，哪一種目的，我們都可以找到廉價的當權者；——而且，如果這不過是選擇一個彬彬有禮的人做我們的領導者，還是選擇一個強健有力的人做我們的領導者的問題的話，那麼我的回答是清楚的：我傾向於後者！

在貿易方面，這種能力同樣伴隨著一絲凶狠的因素，而且是經常伴隨著這種野蠻的因素。請注意：慈善機構和宗教機關一般並不會從聖人中選擇他們的行政官員。迄今為止，由社會主義者們建立起來的一系列社團中，譬如耶穌會、十七世紀法國高僧教派非神職人員團體，以及在新哈莫里、布魯克農場和佐阿的美國社區，只有在把猶太們作為管事者之後，它們才可能生存、發展。其餘的職位，則可以安排那些善良的議員。生活中這樣的情況並不少見：那些虔誠仁慈的地主周圍總是站著一位並不那麼虔誠和仁慈的工頭或幫手；最最和藹可親的鄉間紳士卻對守護著他們果園的惡犬雪白的牙齒特別讚賞有加。

為了表現上帝的力量，繪畫、詩歌和通俗宗教總是從地獄中汲取神譴天罰的例證。這樣的一些事例，造成了這樣一種象徵性的暗示：些許的邪惡有益於身體的鍛鍊和力量的發展，彷彿良心對人們的手腳沒有什麼益處似的，彷彿那些可憐的、衰弱的、在法律和秩序的成規中循規蹈矩的君子們不可能拔腿飛狂奔，像那些能跑善跳的羚羊、野狼和野兔一樣。正像治病救人的藥劑中需要用毒，這個世界上少了惡棍就無法運行，他們就是藥劑中的毒素；況且，在歹徒們中間也不乏公心和智慧。極端自私的和政治的行為與公正心並非水火難容，它們往往像和睦的鄰居一樣，融洽地生活在一起，這並不是巧合，而是事情的規律。我認識一位叫博尼費斯的人，他身材魁梧，多年來在鄉下的一座重要城市裡經營著一家客棧兼酒吧。坦白地說，他是一個無賴，鎮子上幾乎所有的人都不能饒恕他。他善於交際、耍手腕，是一頭情慾氾濫的野獸，既貪得無厭，又極端自私。請不要驚訝，這個世界上沒有什麼罪惡他不曾犯下，或者正要去犯，可是，他與市裡的行政官員們卻交往甚篤：當他們到他的酒吧裡用餐時，他用最好的排骨和最燦爛的笑容招待他們；而且，他對法官閣下也非常的熱情：每次見到他，總是撲上去緊緊地握著他的手，噓寒問暖，熱情萬分。他就像撒旦一樣，把所有的魔鬼——男的和女的——都招引到城市裡來。他是一個凶殘的暴徒，是一個卑鄙的縱火犯，一個可恥的騙子，一個在夜間出沒的強盜，他還是一位面帶笑容的酒館主……看吧，在夜幕的掩護下，這個惡魔行動了。即使在光天化日之下，他也不願消停：他率領那幫「酒徒」和激進分子闖進市政廳裡，參加市政會議，還發表滔滔不絕的演講。與此同時，在他的酒吧裡，他卻為人隨和，禮貌周全。他胖嘟嘟、西裝革履、風度翩翩，簡直就是一位最最熱心公益事業的模範公民：他支持修路，捐款資助噴泉、煤氣和電報；他引進了新式的刮削器、嬰兒連身褲，以及諸如此類的由康涅狄格州送給令人崇敬的公民們的東西。做下面這樣的事情，對他來說，那就更是小菜一碟了：把小商小販呼喚進自己的客店，招待他們，替他們保管東西，作為報酬，他們在店主的房間和院子裡替他挖掘新的陷阱……

雖然創新和完成工作的能力是以一種扭曲自身的方式進行的，因此，看起來好像是我們自己用斧頭砍下了自己的手指一樣觸目驚心，但是，這種弊病並非無藥可救，人類所訴求的一切自然力量，有時，全都會成為他的主人，尤其是那些具有最神祕和不可思議的力量的自然力量。那麼，如果我們拋棄蒸汽、火和電呢？或者相反，使自己學會同它們打交道呢？概括這類行為的唯一法則是：只要在恰當的時間把它們放在恰如其分的位置上，所有的附加物都是善的！

那些血脈中湧動著大量的血液的人們，不可能在堅果、湯藥和哀歌的包圍中碌碌終生。他們也不會透過讀小說來娛樂自己。他們也無法透過在每個星期四都要舉行的演講會上或者波士頓的圖書館裡的誇誇其談來滿足自己澎湃的欲望。他們仰慕挑戰，渴望冒險，必定要不畏艱險，去跋涉、征服派克峰。他們寧願在波尼族印第安人的斧下化為肉醬，也不願意晚出早歸，在一張平靜的會計桌前，聽著時鐘滴滴答答地消逝。他們生來就被賦予了光榮的使命，他們是為了戰爭、海洋、礦藏、狩獵、開拓而降臨人間的。他們生來就是為了擁抱九死一生的曠古奇遇，為了迎接空前絕後的風險，為了在坎坷一生的征伐之後，幸福地閉上眼睛。

有些人無法容忍哪怕是一個小時的寧靜，好像這會要了他的命似的。我就認識一位廚師，他在利物浦的一艘郵輪上工作。每當海洋上狂風大作，波濤洶湧，他就按捺不住內心的狂喜。「吹吧！」他呼叫著，「我要告訴你，吹吧！」對這樣的人，他們的朋友和統治者們一定得留意，給他們一些機會，讓他們宣泄他們那火爆的天性。

在平靜的家裡注定要聲名狼藉的喧鬧者，一旦被送到曠達的墨西哥，一定會「為你覆滿榮耀」，將作為英雄和將軍榮歸故里。在美國，有那麼多的俄勒岡和加利福尼亞，有那麼多的探險和遠征，這足以讓我們發現，他們是自討苦吃，自作自受。那些年輕的英國人，當沒有戰爭供他們發泄那躁動不安的勇猛氣概之時，他們就去旅行，去探險，在這危險的歷程中體驗戰爭的快樂和榮耀。這個世界上到處布滿了他們的足跡：他們潛入挪威西海岸的大漩渦；他們游過達達尼爾海峽；他們登上冰雪覆蓋的喜馬拉雅山；他們在南非追獵獅子、犀牛、大象；他們在西班牙和阿爾及爾和博羅一起流浪；他們在南非與瓦特頓一起騎鱷魚；他們和賴爾德一起利用貝都因人、阿拉伯酋長和巴扎老爺；他們在蘭開斯特海峽的冰山間泛舟乘艇；他們在赤道線上窺探火山口；或者，他們在婆羅洲馬來人的短劍上奔跑、呼嘯……

在人類歷史中，如同在個人的生活史和工業的發展史中一樣，過剩的精力也一樣意義重大。強悍的民族和強悍的個人，最終都要皈依於自然的力量。這樣的力量，在野蠻人的身上得到了最好的進化、展現。野蠻人和他周圍的野獸一樣，仍然要依靠大自然母親的養育，要依靠大自然母親的乳汁滋養。我們可以設想一下：假如割斷了我們與這種原始源泉的連繫，那麼我們所做的任何事情就都失去了根源，因而，就變得淺薄起來。正是依靠著這樣的源泉，民眾的生活才有了深厚的根基，因此，他們也就不像我們那些正人君子在激烈的辯論中所說的那樣糟糕透頂。一位法國代表在論壇上講過：「如果你不和人民一起前進，那麼，你就會邁進茫茫的黑夜中。因為，他們的本能是天意的指針，永遠指向真正的利益。然而，如果你只是擁護某個奧爾良的黨派，或某個波旁皇室的成員，或某個蒙塔朗貝爾的黨派，或者是任何一個並非和人民息息相關的政黨，那麼，即便你的用心是善良的，你也只是具有了一種人格，而非一種原則。這種情況必定會把你帶入一條深不見底的死胡同中去。」

成功乃大自然的天然造化……………………

我們都知道，成功乃大自然的天然造化。它依賴於心靈和肉體的健康，依賴於工作能力，依賴於百折不撓的勇氣……

關於這種強悍的力量，我們可以從探險家、士兵和海盜們所過的那種野蠻的生活中得到最好的驗證。但是，話又說回來了，又有誰關心過殺手們的衝突、龍兄虎弟之間的搏鬥呢？又有誰關心過流冰之間的摩擦碰撞呢？在未經人力雕琢之前，這些天然的力量並沒有什麼價值，一點價值都沒有。雪堆中的雪、火山和硫黃氣孔中的火有什麼價值呢？它們並不值錢。冰的樂趣在熱帶國家中和炎炎夏日之時，才得到展現。火的樂趣也只在於我們的壁爐裡需要那麼一點點溫暖。至於電，並非是荷電烏雲的陣陣閃耀，而是電池導線裡溫馴的溪流，給我們帶來了欣喜。精神或力量的樂趣也是這樣。

在人類歷史上，最偉大的時刻就是野蠻人正好停止成為野蠻人的那一刻，在那轉折的一瞬間，蘊涵著怎樣的力量和美感啊：大自然和世界上一切美好的東西，都在那一刻獲得了自身。那時候，黝黑的液體還從大自然中噴出，不過，它已經被人類的倫理和人道所洗滌，那些枯澀和辛辣的元素已經蕩然無存了。

那些不聞殘酷的吶喊之聲的和平勝利仍然是戰爭，或者，準確地說，仍然是戰爭的近鄰。當冰涼的劍把上仍然有雙手依稀的溫熱時，當在紳士們的氣色和舉止中仍然流露著行軍打仗的癖好時，人類的智慧已經達到了頂點：這是嚴峻的局面和緊張的壓力和張力所鍛練出的最美妙柔和最巧奪天工的藝術，而在和平安寧的時代，這一切又是多麼的難得啊！除非透過某些類似的活力，我們才可以獲得這鬼斧神工的造化之才，而這種活力，卻必須要從那些和戰爭一樣艱苦、殘酷的環境和職業中汲取而來。

我們都知道，成功乃大自然的天然造化。它依賴於心靈和肉體的健康，依賴於工作能力，依賴於百折不撓的勇氣……儘管對於一切商品而言，它們只有在極少的時候才處於正常狀態，而大多數時候，它們常常顯得過多過濫，因而，使它們處於危險之中，閃現著毀滅的光芒。然而，我們卻無法離開它們，而且，還必須以這種形式來擁有它們，並且提供吸收劑，除去他們的邊邊角角。

勤奮凝聚力量，努力方能成功……

在我們的藝術中，你必須脫掉你的外衣，研磨好顏料，像一位鐵路工人那樣每天從早到晚地勞動。除此之外，別無到達成功的途徑可言。

正面的階級壟斷著人類的忠誠，是他們創造和完成所有的偉大業績。在拿破崙的大腦中所湧動旋轉著的是一種什麼樣的力量啊！在艾勞，在他的六萬軍隊中，似乎有三萬左右是小偷和夜盜。在和平時代裡，對這些人，我們要費多少心血啊：我們得盡可能地用鐐銬鎖住他們的手腳，把他們囚禁在監獄中，而且，還要派駐荷槍實彈的哨兵，監視、看押他們……但是，在這個人的眼中，他們是一些怎樣的能人啊，他是那樣地親近他們，軟硬兼施，讓他們去忠於職守，並依靠他們的刺刀贏得了自己的勝利。

這種生生不息的原始的力量如果在至高至雅的情況下出現，譬如說，出現在那些純粹的藝術家手中，就會給人一種神祕的驚奇。當米開朗基羅被迫為西斯廷教堂作壁畫時，他對壁畫這門藝術幾乎一無所知。他懵懵懂懂地走進梵蒂岡背後教皇的花園裡，用一把鐵鏟挖出了紅色和黃色的赭石，並用膠和水加以調和。經過無數次的實驗後，他似乎看到了自己想要的東西，他的靈魂對自己的工作感到滿意了。於是，他爬上梯子，日復一日的，月復一月地畫好了那些女巫和預言家。他大功告成了！他不僅在智慧的純潔性和優雅的程度上超過了他的繼承者，而且，在粗獷豁達的活力上，他也取得了空前絕後的功績。有一幅畫，他未能最終完成，但他並沒有因此而失色，他獲得了自己應該獲得的東西。

米開朗基羅總是先畫出人物的輪廓，然後再為他們裹上肉體，最後才為他們披上衣服。「啊！」一位勇敢的畫家一邊思考著這些事情一邊對我說，「如果一個人失敗了，你會覺得他是做了一場夢，而不是從事了一項工作。在我們的藝術中，你必須脫掉你的外衣，研磨好顏料，像一位鐵路工人那樣每天從早到晚地勞動。除此之外，別無到達成功的途徑可言。」

「集中」是成功者的法則

一個習慣於工作的人能夠勝任他所決心要取得的任何成就。對於他來說，鼓舞他詩才的力量不是靈感，而是需求。

成功總是和某種正面的或積極的力量結伴而行：一盎司的力量必定能夠平衡一盎司的重量。儘管一個人無法再回到母親的子宮，帶著嶄新的活力重獲新生，但是，我們並沒有就此陷入絕境，有一種經濟實惠的方法，在這種情況下可以充當最好的替代品：斷然終止纏繞著我們的種種瑣事，集中我們所有的精力，關注一個或幾個關鍵的事情，就像一位園丁，透過嚴格的修剪，迫使樹木的元氣集中到某一個或某幾個粗壯的樹枝上，而不是放任它們，任它們隨意地四處遊蕩。

在生活中，集中精力是一種智慧的做法，而耗費自己的精力則是一種無異於自殺的邪惡行為，而且，無論我們的精力是分散在庸俗的還是崇高的目標上，是分散在財產以及由此而來的累贅上，或者是分散在朋友那裡，或者是分散在一種習慣、政治、音樂、節日慶典上……這一切都沒有什麼區別。我們應該銘記這道神諭：「莫要強求汝等之命運，莫要強做非汝等該為之事。」凡事，只要能夠從我們身上剔除掉一件玩物或者一個幻想，只要能夠把我們趕回家中，激勵我們誠心誠意地再努力一刻，那就是一件功德無量的好事。朋友、書籍、圖畫、才幹、諂媚、希望——所有這一切，都令我們心神不定，精神渙散，使我們像急速旋轉的氣球一樣，在劇烈的振盪中迷失自我，使我們顛三倒四，失去平衡，無法採取一條筆直的航線，衝向我們夢寐以求的目的地。

我們必須選擇我們的工作！我們只能獲得我們的頭腦所能獲得的東西，並且放棄其餘的一切。唯有如此，那種生氣勃勃的力量才能積少成多，從而才能按部就班，由知而行，從易到難。不論一個人具有多麼強大的洞察力，使一切的懶散在他面前沒有絲毫的藏身之處，他也很少採取由知而行的步驟。然而，這一步卻是跨出愚蠢的粉筆圈的第一步，跨過了這一步，他才有可能進入碩果纍纍的豐收之地。許多藝術家就是因為缺乏這一步而缺乏一切：他們絕望地望著雄糾糾氣昂昂的米開朗基羅或切利尼。

在他們的思想裡，也有大自然的靈感在激盪呼喊，他們也能夠與自然並駕齊驅，可是，他們卻沒有那種一鼓作氣將他們全部生命迅速投入一次行動的爆發力。詩人甘貝爾說過：「一個習慣於工作的人能夠勝任他所決心要取得的任何成就。對於他來說，鼓舞他的詩才的力量不是靈感，而是需求。」

集中力量！這是政治、戰爭、貿易——總而言之，是人類一切管理的技巧之所在。這個世界上最精彩的一件好事，就是牛頓面對著別人「你是怎樣才能夠做出你那些發明的呢？」所說出的回答：「因為我的心總是盤算著要去發現。」這句樸實無華的話告訴了我們一切。還有，如果你想學一句政治學方面的名言的話，那麼請記住普魯塔克的這句話：「在整座城市裡，人們只能在一條街上看見培里克里斯，就是那條通向市場和市政廳的大街。他婉言謝絕了一切參加宴會、歡聚和集會的邀請。在他執政的整個時期裡，他從未在任何一個朋友的桌面上用過餐。」這樣的事情在商業方面也不乏先例——一位善良的人奉勸羅斯柴爾德說：「我希望您的孩子們不要過於喜愛金錢和經商，我肯定，您不會願意他們那樣的。」羅斯柴爾德回答道：「不，我敢打包票，我會願意那樣。我希望他們把全部的思想、靈魂、心靈和肉體都凝聚在經商上，因為，只有那樣，他們才能夠到達幸福的彼岸。要想發一筆大財，那麼，相當的勇氣和相當的謹慎就是必不可少的，而當你得到了這筆財富之後，事情並沒有隨之而結束，相反，那需要十倍的智慧和勇氣，去守護它，經營它。如果我去傾聽所有那些對我提出的建議，我很快就會毀了自己。年輕人，做一件事就要堅持下去。把你的釀酒事業堅持下去，你就會成為倫敦偉大的釀酒商。不管是釀酒商，是銀行家，是商人，還是製造商，你都會很快出現在報紙上。」

當機立斷，做出你的決定

在川流不息的生活之中，我們卻必須做出決定——如果可能的話，做出最優秀的決定，但是，請記住，任何決定總比沒有決定要好！

有許多人，他們見識超群，悟性高超，堅韌不拔，但是，他們卻沒有迅速地做出自己的決定，機會就這樣煙消雲散了。然而，在川流不息的生活之中，我們卻必須做出決定——如果可能的話，做出最優秀的決定，但是，請記住，任何決定總比沒有決定要好！要抵達某個地方，輕輕鬆鬆，就可以找出二十條道路，其中，只有一條是最佳途徑。但是，還是請你打點行裝，立刻踏上其中的一條吧。

一個人如果能夠處變不驚，在瞬間就能調動起自己所知道的一切，那麼，在他面前，即使一打也許有見識，但卻總是慢慢騰騰地清醒的人，也只好甘拜下風。在議院裡，好的演說家並不一定要有什麼高明的理論，並不一定要通曉議會的策略，他所需要的，是當機立斷。同樣，一個優秀的法官也無須對每一種辯護都吹毛求疵，力求以最最公平的方式對待每一方，他所需要做出的，只是實質的公正和明白無誤的判決。好的律師也不必對可能發生的事情面面俱到，不必具備所有的資格，只要他全心全意地投身於你這一方，他就能把你從困境中解救出來。約翰生博士在他的一句流暢的名言裡說過：「所有悲慘的名聲在其不幸的程度上都不及這樣一對倒楣的男女：他們注定要預先把家庭生活的一切細節都歸納成為抽象的理論原則。有些事情，話須少說，事須多做。」

習慣和持之以恆的力量

更多的人並不是憑藉著天賦，而是透過練習，才變得有本領。

反覆地練習，也可以養成一種氣質的代用品，即習慣和持之以恆的力量。跟阿拉伯的巴巴利馬（barb）相比，那些駑馬更善於長途旅行。在化學上，動電電流雖然緩慢，但是卻持久耐用，它的力量與電火花相等，是技術中一種更為理想的動能。對人類的行為而言，這個道理同樣不破。我們必須透過反覆練習的連續性來彌補爆發性力量。我們並不總是把力量濃縮在某一個時刻，而更多的是把等量的力量鋪展在一個相當長的時間上。在這裡，一顆球的含金量和一片樹葉的含金量是一致的。在西點軍校，總工程師比福德上校用一把鐵錘猛烈地敲打一門加農炮的炮耳，直到把它們敲爛。他又連續上百次地速射一門大砲，直至它的炮膛炸裂。那麼，我們也許會問：是哪一次敲擊破壞了炮耳呢？是哪一次爆炸炸裂了炮膛呢？回答簡潔明了：是每一次敲擊！是每一次爆炸！亨利八世常說：「勤奮勝似感覺。」或者說：偉哉，反覆的練習。約翰．肯布爾說過：「在完完整整地演出一齣戲時，最蹩腳的一班鄉下專業演員也會比最優秀的一班業餘演員強。」練習的意義非同小可。

對於一位演說家而言，最好的練習就是不斷地對民眾進行演說。我們可以毫不過分地說，所有偉大的演說家在演說開始都是糟糕的演說家。成為一名無與倫比的演說家，花費了科布登整整七年的時間，在這七年之內，他橫穿英倫，不斷地進行旅行演說。而為了讓自己的演說技藝爐火純青，溫德爾．菲利普斯花費了十四年的時間，在這十四年之內，他橫穿新英格蘭，而且，伴隨著他漫長的旅程的是一遍遍的演說。

我們也許學習過德語，我們知道最有效的方法就是反覆地閱讀、成百上千遍地閱讀那幾十頁同樣的內容，直到每一個單字和虛詞在心中落地生根，滾瓜爛熟，那時候，我們才能夠說我們掌握了這門外語。從來就沒有哪位天才在剛閱讀一首歌謠時，就能夠像一位平庸的人練習了十五次或者二十次之後那麼熟練地吟唱它，把它牢牢地記在心中。

我的一位天性幽默的朋友認為，大自然的藝術之所以表現得如此美輪美奐，之所以能夠描繪出如此美妙絕倫的落日，是因為它總是持之以恆地再三重複著一件事情，直到自己學會了描繪的方法。一個人在談論一個他已經爛熟於心的話題時，難道比他談論一個新的話題時還要捉襟見肘嗎？在交易所中，只有那些已經有過一次特殊經驗的人的意見才能夠得到重視。而一旦離開那個地方，他的意見也就毫無價值了。德謨克里特說過：「更多的人並不是憑藉著天賦，而是透過練習，才變得有本領。」

自然中的摩擦是如此的繁多且巨大，在這從不間斷的摩擦中，我們無法節省任何力量。問題的關鍵不在於如何表達我們的思想，選擇我們的道路，而在於如何在我們所做的任何事情中克服物質和媒介的阻力，如何使自己獲得前進的力量。要想做到這一點，沒有什麼終南捷徑，因此，就需要反覆的練習。因此，業餘愛好者在與行家抗衡時，便顯得無足輕重，甚至一文不值。

每天在鋼琴上花上六個小時，只是為了雙手能夠靈巧地彈奏；每天在繪畫上花上六個小時，只是為了自由地調配、運用那些討厭的物質：油畫顏料、赭石和畫筆。大師們說，他們可以僅僅透過觀察雙手在琴鍵上的姿勢，就可以確定一個人是否是鋼琴大師，儘管掌握這種樂器是那樣一種艱難而又重要的行為。機械師和職員的力量在於：透過上千次的操作，學會工具的使用方法，透過無休無止的加減，學會計算的技巧。

為了確認我在家中常有的這種體驗，我曾經在英國發表過這樣的意見，也就是說，在文人圈子裡，那些諸如出版商、編輯、大學教務長以及教授、主教這樣一些受人信賴、令人景仰的人，並不是最有文學才華的人，而通常只是一些智力平平的普通人而已，他們所擅長的，也不過是一種類似商人的活動能力和工作才幹。無論是在古老的英格蘭抑或是在新英格蘭，透過把自己的力量推向一個有利可圖的地方，或者是透過巧妙地使用力量，那些不足為奇的平常人就可以超越那些高人一等的人，而成為自己行業中的行家乃至權威。

我清楚地知道自己在講什麼，我並沒有忘記還有一些超凡脫俗的原因限制了才幹和表面成功的價值。我們總是容易在那些世俗英雄面前俯首稱臣。有一些寶貴的源泉我們還沒有去汲取。我也知道自己在迴避什麼。我不過是把這個話題，把那些不得不說的話留到關於修養和崇拜的那一章中去討論罷了。不過，這種透過持之以恆的練習而獲得的力量，是大自然生成萬物所依賴的最基本的手段。我們必須注意，只要我們還重視家常生活，還重視這個世俗世界裡的獎賞，那麼，我們就必須尊重這種力量和精神。我個人認為，力量也適用於一種經濟法則。和液體和氣體差不多，力量也從屬於精確的規律和細密的計算。它或是被節約地使用，或是被大把大把地浪費掉。每個人，只有在使自己成為自己力量的容器之後，才能成為一個強者。在歷史上，除非透過這種精明的支出方式，任何非常的舉動或成就都只能是鏡中花，水中月。這種力量不是金子，但是卻能製造金子。它不是名望，而是豐功偉業。

如果我們的意志力能夠控制這種力量，而且使它以一種節約的方式釋放出來，如果我們能夠破譯它們的規律，那麼我們就可以順理成章地推論：人類的所有成功，所有可以想像得到的人類利益，或早或晚，都將被人力包容、消化。而且，這一切都是他們向人類奉獻自己的最佳方式。

世界猶如一架精密的機械，在毫釐不爽地運轉著，在它浩渺無際、平靜如流的曲線中，不存在任何的偶然。成功並沒有我們想像得那麼複雜，它並不比我們在工廠中編織的方格花布和平紋細布更稀奇古怪。在美國所有河流的兩岸，都矗立著我們的工廠。對於我們這些終日忙忙碌碌、操心費力地為新英格蘭策劃的人來說，最令我們感動的一刻莫過於走進一家這樣的工廠。

人類似乎只有在按照自己的形象創造織布機、印刷機和火車頭之後，才知道在多大程度上自己也是一架機器。但是，在這些機器中，他必須時刻清除自己的愚蠢和無知，所以，當我們進入一家工廠之時，我們似乎發現，機器比我們更有道德。就讓我們這些「萬物的靈長」大著膽子走到一架織布機前，瞧瞧自己是否能夠與它媲美吧。就讓機器面對著機器，瞧瞧它們的結果究竟如何。

與印花布工廠相比，世界工廠更加複雜煩瑣，它的建築師也更為自得。在一家紡織方格花布的工廠裡，一根斷頭的棉紗或者一塊碎片會毀壞一匹上百碼的棉布。透過徹底的追查，可以找到這位紡織棉布的女工，並降低她的薪資。當股東得知這件事之後，他會高興地搓著雙手，喃喃自語：「利潤先生，難道你竟是如此的巧妙！」面對著這樣的情形，難道你還指望在你織出的那匹布中誆騙你的主人和雇主嗎？這是一塊比任何平紋細布都要華麗的棉布，創造這塊棉布的機械裝置要更為巧奪天工。那是一種無邊無際、無窮無盡的巧妙，因此，你無法掩飾你在這匹布上偷偷擱置進去的任何粗製濫造的、詐欺舞弊的和腐朽墮落的時光。同時，你也不必擔心，造化是公平的，任何誠實的棉紗，或者更為純淨的鋼鐵，或者更為不屈不撓的柱子，也都會在這匹布上。

第二章　力量

第三章 風度

什麼是風度

什麼是風度？風度就像我們賴以安身立命的空氣一樣無處不在而強大，依靠它，人們互相感染著對方，塑造著對方。

我們常常追問，大自然是從哪裡汲取勃勃生機的呢？顯然，是靈魂。它那一往無前的生機，得益於靈魂的恩澤。靈魂又是怎樣讓自然的生命之花怒放的呢？在這裡，也毫無祕密可言，它透過清澈流利的語言把懵懂的自然從沉重的睡眠中喚醒，使它睜開新鮮、乾淨的眼睛。在這裡，語言是決定性的載體，然而，它並不是唯一的——那些展現在生命機體中的儀態、動作和姿勢也一樣賦予自然以蓬勃而豐富的生機，它們讓喑啞人張開了嘴巴，盲人睜開了眼睛……簡單地說，它們化木訥為靈秀，化腐朽為神奇，它們是讓鐘靈毓秀的自然昇華的點睛之筆。

這種無聲而微妙的語言就是風度。它不是內容，而是有意味的形式。它告訴我們，生命是會「說話」的，它總會用恰當的方式表達自己。譬如說，一尊塑像沒有舌頭，但它要舌頭做什麼呢？它根本就不需要舌頭；優美的舞臺造型也從來不需要用華麗的辭藻加以解說，那樣做只會畫蛇添足。

每一種祕密，自然都只透露一次，機會總是稍縱即逝。可是，造化賜福於人類，在人的身上，他無時無刻不在用自己的體態、身段、姿勢、臉龐、局部的面容和整個機體的運行來透露乃至渲染自身的祕密。人類身上這種直觀的姿態或舉動源於機體和意志的融合，我們把它叫做風度。

風度難道不就是思想嗎？難道不就是思想融入了手和腳，控制了言談和舉止這些身體的活動嗎？

我們知道，無論做什麼事情，即便是煮一顆蛋，都會有一種最好的途徑，而風度，就是為人處世的適當方法。每一種風度在初降人間之時，都是洋溢著人類才智和愛意的舉止之一，而現在，在反反覆覆的學習、模仿之中，它們得到發展和定型，被我們所用，成為我們表達愛意和智慧的手法。最終，風度演變成一種絢爛的清漆，日常生活的時時刻刻都在用它修飾自身，打扮著自己的每一個細節。

如果我們說風度僅僅限於表面的話，那麼，令清晨的草地顯得如此深邃而神祕的露珠，難道不也懸浮在表面上嗎？風度就像我們賴以安身立命的空氣一樣無處不在而強大，依靠它，人們互相感染著對方，塑造著對方。我們可以這樣說：天才們發明了優雅動人的風度，而男爵和男爵夫人們則迅速地學習、模仿，而且，憑藉著豪華宮殿和華衣麗服的優勢，他們改變了這種教育。就是他們，把學到手的東西，固定為一種僵硬的模式。

風度就是力量

我們重視風度，是因為它具有一種無形卻巨大的力量，可以初步地塑造人，去除人類情感和精神上的汙垢，為他們清潔身體，裹上衣裝，讓他們直立起來。

風度的力量宛如永不乾涸的源泉一樣無休無止——它是一種火一般的元素，什麼樣的陰霾也無法掩藏它那熱情的光澤和溫暖。無論在什麼樣的國家裡，不論是共和制的國家還是民主制的國家，都和在封建王國中一樣，貴族的氣質是無法冒充的——東施效顰，只會讓醜陋的東西更加醜陋。

沒有人能夠抵擋風度陽光一樣的影響！在文明社會中所學到的某些風度具有某種非同凡響的威力：一旦人具有了這些風度，他或她，就必然四處受到歡迎、尊重和仰慕，儘管他或她並不擁有美貌、財富或才智。如果賦予一個男孩以高雅的談吐和各種技藝，那麼，你也就賦予了他無論走到哪裡都可以統治宮殿和控制財富的能力。他無須挖空心思地去賺取或獲得這一切，他們自然會懇求他走進宮殿，擁有財富。

表面看來，這似乎是在玩弄騙人的障眼法，然而，這卻像太陽每天早晨都要從東方升起一樣真實。譬如，我們把生性靦腆、膽怯畏縮的姑娘們送到寄宿學校、馬術學校、舞廳，不久，我們就會發現，她們已經透過言傳身教和耳濡目染學會了高雅的舉止和談吐。一位時髦女性所具有的吸引力，還有她那種令人膽怯和畏縮的力量，都是由於別人相信她懂得一些別人尚不了解的策略和舉止。但是，當別人也掌握了她的祕訣時，她們就不再仰視她，而是面對面地同她交往，泰然自若地同她相處、交流……

風度是一種潤物細無聲的作用。曾經莽撞的人不再莽撞。平庸的圈子也渴望並且學會了那些屬於高層次的人們的禮儀和舉止，而這是一種自然狀態的或文化狀態的東西，這是一種高級文化的產物。表面看來，似乎沒有什麼人注意你們的風度，然而，真實的情況卻是：你們的風度時時刻刻都在受到監視，受到那些極少惹人懷疑的「委員會」的監視——這是一位身著便衣的「警察」。但是，當你們完全忽略了這種監視的時候，它們就會用自己的語言和行動來提醒你注意它們的存在：給予你們崇高的獎賞，或者拒絕給予你們崇高的獎賞。

我們總是在滔滔不絕地談論著實用，卻忘記了把我們連繫在一起的卻是風度。在營業時間裡，我們只會去找那些知道我們想要什麼東西，或者想做什麼東西的人們，他們或是擁有我們所需要的東西，或是能夠幫助我們完成我們想要完成的這件事或那件事——這個時候，實用主義的心思填滿了我們的心胸，我們是不會讓情趣和情感來妨礙我們的。可是，一旦營業時間結束，這種實用主義的心思也隨即煙消雲散，我們就會迅速地回歸到懶懶散散的狀態之中。我們就會渴求那些能夠讓我們感到悠閒和自在的人們，渴求那些言談舉止和格調與我們和諧一致的人們，渴求他們能夠和我們一起四處旅行、遊玩、談笑……就像向日葵無時無刻不渴求陽光的撫摸一樣。

當我們想到風度是如何使人前呼後擁、如何為人裝點好一切、如何把人們吸引到一起；當我們想到風度是如何在一切俱樂部裡塑造其成員，又是如何決定了那些雄心勃勃的年輕人的命運；當我們想到風度是一些什麼樣的鑰匙，又能開啟一些什麼樣的祕密之鎖；當我們想到風度所能傳達的是一些多麼寶貴的教訓和多麼令人歡欣鼓舞的性格象徵；當我們想到為了破譯這篇精妙絕倫的電報，我們必須具備多麼強大的預測能力……當我們考慮到這一切時，當我們考慮到這一切所涉及的方方面面時，我們就會穿透重重迷霧，看到這個包羅萬象的論題的核心，它與方便、力量和美又有什麼樣的關係。

風度的第一個用處是十分低級的，也就是說，在這個時候，它不過是一些較為次要的品行，但我們絕不應該因此而忽視它，因為，恰恰又是它，是文明的開端——我的意思是說，它使我們能夠相互容忍，和諧地生活在一起。

我們重視風度，是因為它具有一種無形卻巨大的力量，可以初步地塑造人，去除人類情感和精神上的汙垢，為他們清潔身體，裹上衣裝，讓他們直立起來。換句話說，它可以剝除他們動物的外皮和習性，逼迫他們保持乾淨。它可以嚇退他們的惡意與卑劣，教導他們離開卑鄙的情感，而趨向寬厚的感情。它用自己清晰的聲音告訴他們：擁有寬厚的感情，遠比他們過去所作所為的一切都要幸福得多，甜美得多。

法律是公正和嚴厲的，可是，對那些在罪惡的邊緣滑動的不良舉止來說，它卻無能為力：社會上寄居著大批粗俗不堪的、玩世不恭的、蠢蠢欲動的和輕浮無禮的傢伙，他們依附在別人身上，為自己損人利己的行為逃離了法律的制裁而沾沾自喜。可是，他們高興得太早了：一種已經結晶為良好風度的大眾輿論和一種已經為大眾的理智所接受的文明行為卻可以觸及、懲戒這些傢伙。

譬如反駁者和詛咒者，他們無論是在公開的場合裡，還是在私下的場合裡，都像一條獵狗，他們以為一條體面的獵狗的職責就是對所有的過路人都大聲嚎叫，把所有的行人都驅趕得無影無蹤，似乎只有這樣，他們才盡了自己的地主之誼。我曾經見過一些傢伙，每當你反駁他們，或者說一些他們無法理解的東西時，他們就會像一匹惱怒的驢子那樣，昂起腦袋，嘶鳴不已；還有那些魯莽的人，他們自己邀請自己，來到你的壁爐前；還有那些喋喋不休的人，他們以極大的熱情和耐心向你灌輸他們的人生和社會，直到把你撐得半死不活；還有那些自我憐憫的可憐蟲——一個令人恐懼的社會階層；還有那些單調的東西……總而言之，就是說種種類型的野蠻和荒唐的行為。所有這些，都是社會的禍害，像蛆蟲一樣藏匿在社會肌體中的禍害。他們既蠻橫地無孔不入，又狡猾地見風使舵，所以，即使是法官也無法抓住他們、醫治他們，無法使你免遭其害。

所以，這些禍害必須交給由習俗、諺語和行為準則所規定的約束性力量去拘捕、懲戒。而這些約定俗成的習慣、諺語和行為準則，早在學生時代，就在年輕人的心裡播下了自己的種子。

在密西西比河岸邊的旅館裡，人們常常——或者，準確地說，是過去常常——在旅館守則裡寫道「紳士必須衣著整潔方可在公共場所用餐」。同樣是在那片土地上，在教堂的座椅上也貼著個小小的告示，以此懇請禮拜者切莫隨地吐痰，汙染環境。查爾斯・狄更斯曾經不遺餘力，以自我犧牲的精神擔當起改革美國生活方式的責任，力圖矯正某些惡劣透頂的社會習俗。我認為，他的努力所澆注的文明之花並沒有完全隨風而逝。他毫不留情，把惡劣的社會習俗赤裸裸地暴露出來。只有這樣，那些粗魯而麻木的傢伙們才能看清楚那種畸形的醜態。不過，令人遺憾的是，即使是這本警戒世人的書本身也略顯畸形，或者說，它本身也是一個畸形的社會產物：它本來無須在閱覽室的牆壁上貼上一條告示，告誡陌生人不得在室內大聲喧譁。它也無須提醒那些觀賞精美雕刻的人士，對待這些雕刻，應該像對待纖細的蛛絲和清脆的蟬翼那樣謹慎。它更無須警告大理石雕塑的參觀者們，切忌用拐棍敲打雕像。然而，現實令人汗顏：即使是在這座最為文明的城市中，在藝術會堂和市立圖書館中，這一類告示也並非完全多餘！

風度的來源

栽下一片刺叢，為它們澆上整整一年的水，它們還是只能長出刺來。而栽下一棵棗樹，即使丟在那裡不管，它還是會不停地生出棗子。

風度是人類物質和精神生活的雙重產物，它既產生於環境，也來源於性格。

如果你能夠同時觀賞幾幅出自於不同時期和不同國家的繪畫，而它們描繪的又分別是不同的貴族和農民，那麼，結果往往一目了然：他們與我們城鄉中的那些相應的階級也十分相稱。現代貴族，不僅僅在蒂蒂安筆下古維也納總督的身上和古羅馬的硬幣以及塑像上得到了細緻入微的顯現，而且，也同樣在海軍準將帕里攜回家中的那些描繪日本顯要的繪畫中得到了生動的展現。

無垠的土地和不盡的利益，不僅僅是那些管理它們的頭頭們的私有物，而且，它們還可以塑造強大有力的風度。一隻敏銳的眼睛，可以辨清如蛛網般精密複雜的等級秩序，也可以從對方的言談舉止中看出自己通常所受的敬意，看出人們對自己的敬意達到了什麼程度。一位王子，每天都有人向他獻殷勤，而且，高層的達官顯貴們也總是把自己最高的禮遇和敬意奉獻給他，那麼，他一定會養成期待和接受這種殷勤和禮遇的習慣，而且也相應地養成一種適合其身分的接受和回應此種殷勤和敬意的習慣。

當然，毋庸諱言，例外的人和例外的方式總是存在的。英國的貴族喜歡喬裝成田間的農夫。克拉弗豪斯是一個紈絝子弟，在他鮮明華麗的衣著和輕薄的舉止之下，掩藏著他內心那種無法壓抑的對戰爭的恐怖。然而，自然和命運是誠實無欺的，它必定在每個人的生命中留下自己的痕跡，給每個人和每一種品質掛上一個標誌。

征服一個人的臉，並非像我們通常所想像的那樣無足輕重，恰恰相反，這非同小可。也許，一個雄心勃勃的年輕人在得知風流倜儻的風度能夠造就威風八面的外表時，會以為自己已經掌握了事情的全部祕密，然而，事情並不如此簡單。切記，千萬不要被任何一種親切可人的外表所迷惑。有時候，在溫柔的外表下掩藏著的是一顆意志堅強的心。譬如，在麻薩諸塞州，有一位已經上了年紀的政治家。他一生都在法庭上和國家政府裡擔任重要的職位，可他始終沒有克服掉臉上、聲音裡和舉動中顯現出來的那種令人極端驚懼的火暴脾氣。當他演說時，他的聲音會反駁他：嘶啞、走音、喘息、打鼾……這一切都削弱他演說的力量，可是他，卻毫不在乎。他清楚，無論如何，反正他得嘶啞、走音、喘息、打鼾，或者高聲喊叫著表示自己的憤慨和異議。當他演說完畢，坐在椅子上之後，我們會發現，好像有某種疾病在他身上發作了：兩手緊緊抓住座椅，一刻也不敢鬆開。但是，我們不要忘記了，在這張急躁的面孔之下，卻是一種堅強的、不屈不撓的、勇往直前的意志和一種永遠在意志掌控之下的記憶。在這種記憶裡，他一生裡的每一個事實都排列得整齊有序，條理清晰，彷彿錯落有致的岩層一般。這實在讓人吃驚。

我們不要誇大了人為的力量，實在地說，只是在一定的程度上，我們才可以說風度是人為的產物，而從總體上講，血液本身必須具備包容修養的能力，否則，一切修養都只能是空中樓閣。在舊世界裡，頑固地維護乃至袒護血統，就是維護封建體制和君主政體的一個重要手段，就是它，為這個舊體制鑄就了一個牢固的基礎。其實，如果我們仔細地觀察就會發現，這在普遍的人生經驗中也不是沒有道理的。每一個人——數學家、藝術家、軍人或者商人——都會在自己的孩子身上發現某些相似的特徵與「天賦」，當然了，這些相似的特徵和「天賦」，跟他自身是和諧的。可是，如果是在一個陌生人的孩子身上，無論如何他也不敢做出這樣的假設。東方人在這個問題上十分保守。阿卜杜．卡迪爾．埃米爾曾經以自己的幽默的口吻說過：「栽下一片刺叢，為它們澆上整整一年的水，它們還是只能長出刺來。而栽下一棵棗樹，即使丟在那裡不管，它還是會不停地生出棗子。」

風度的展示

完美的人應該無須他人來證明他個人的存在，因為，無論是誰面向著他，都會贊同他的意志。

在風度的成長史上，一個讓我們感到吃驚的事實是人的身體所具有的那種神祕的表現性。即使人體是由玻璃構成的，或者是由空氣構成的，而思想是刻印在體內的鋼板上的，那也仍然不能比現在更真實、準確地傳達自己的意思：人體的表達機制真的巧奪天工。智者可以在不知不覺中窺察、辨認出你的人生經歷，他沒有偷偷地打聽、詢問，他只不過注意觀察你的容貌、步態和行為等。對，就是它們，向智者透露了你的一切。

整個秩序井然的自然界所有的心思就是要表現自己。而人身上的一切都是舌頭，不斷地向外界訴說著自己，它們是不知疲倦的泄密者。人們就像日內瓦的鐘錶，有著透明的表面，隨時向外界顯示自己的一舉一動。人體是一個個美麗的酒瓶，裡面盛滿了生命的玉液瓊漿，而且，不斷地向好奇者展示那酒液在自己的體內來回循環流動。

臉龐和眼睛是最大的泄密者，時時刻刻向人們訴說著自己正在從事的行為、年齡和追求。眼睛是心靈之窗，它標示出靈魂的軌跡，或者說，眼睛可以顯示靈魂的「天路歷程」。坦白的眼睛可以毫不猶豫地把一切都告訴大街上的每一個過路人，而如果我們在這裡大聲地說出眼睛所說的一切，那可就是一種近乎無禮的粗魯行為了。

人們無法用眼睛緊緊地盯著太陽，因此，似乎就顯得沒有那麼完美。最近，一個天南地北的旅行者在西伯利亞發現了一些有奇異功能的人：僅憑肉眼，他們就可以看到木星周圍的衛星。

在某些方面，動物比我們更加優越。除了那可以飛翔的翅膀能夠把它們帶到更高、更有利的觀察位置以外，鳥兒們的眼睛也比我們的看得遠。一頭母牛，可以發出我們現在還無法破譯的祕密的信號——也許是用眼睛——叫牠的孩子跑開，或者是躺在地上躲起來。「牠們可以看見前後左右所有的一切。」這句話似乎成了騎術師們對某些馬評頭論足的口頭禪。

然而，這並不是動物們的專利，戶外生活，譬如狩獵和勞動，也同樣能夠賦予人類的眼睛以同樣的活力。當一位農民凝視著你的時候，他的眼睛和馬的眼睛一樣犀利有力，他的目光猶如棍棒一樣，而眼光的閃爍，就是那些無堅不摧的棍棒打過來了。我們可以毫不誇張地說，一隻眼睛的威懾力並不亞於一把對準目標引而欲發的步槍；它對人的侮辱和褻瀆也不亞於鄙夷的噓聲和踢打。當然了，在一種不同的心境支配下，它可以用仁慈的目光讓你的心臟歡快地歌唱。

眼睛是心靈最忠實的信號兵，它總是一絲不苟地傳達著心靈所發散出來的訊息。我們的眼睛會突然凝滯，直愣愣地盯著遠處，那時候，我們的心裡一定會有某個想法在翻騰。還有，當我們列舉人物或國家的名字時，例如法國、德國、西班牙或土耳其，我們的眼睛就會隨著從口中蹦出來每一個名字而眨動。心靈所追求的一切微妙的學識，眼睛都會爭先恐後地去學習、爭奪。就像米開朗基羅所說的那樣：「藝術家的量具並不在他的手中，而必定是在他的眼睛裡。」眼睛的功績，無論是在懶懶散散的目光中，抑或是在全神貫注的目光中，都是無法用編目來加以窮盡的。

我們的眼睛就像獅子一樣，渾身是膽，在四面八方、遠遠近近到處漂泊、跑動、跳躍……在語言方面它們是行家，不用等別人介紹，就自報家門了；它們不會因為年齡和身分而告老還鄉；它們既不蔑視貧困，也不青睞財富、學說、力量、美德或性別；但是，它們卻能夠在一瞬間一次又一次地打開你、穿透你、占領你。

就是透過它們，一個靈魂的生命與思想瀉入另一個靈魂，像滔滔不絕的洪水一樣。眼睛，是大自然的魔術師，偶爾的一瞥，能神祕地溝通房間兩端兩位互不相識的陌生人，把他們緊緊地連繫在一起。眼睛的一瞥所傳達的訊息基本上不受人類意志的操縱。它是性格特徵的有形的象徵。我們注視著對方的眼睛，是為了了解：這另一個軀體是否是另一個自我？而眼睛是忠誠的僕人，它從不會撒謊，它只會老老實實地坦白，告訴我們是哪一位居民居住在那裡。眼睛所顯示的東西有時候令我們毛骨悚然。卑鄙和霸道的惡魔，就是透過眼睛而暴露了自己。眼睛的觀察者在這裡尋找的是天真和淳樸，然而，一旦他看到的恰恰相反，是卑鄙和霸道的魔鬼，他就像感覺到了貓頭鷹和蝙蝠的不安與騷動。

同樣，這一點也異常奇妙：一旦某個靈魂在房屋的窗戶上顯形，他立刻就會以一種嶄新的姿態把自己投射到觀看者的靈魂之中。人的眼睛是誇誇其談的舌頭，而且，它還有獨一無二的優勢，那就是，無須字典，全世界的人都能理解眼睛的對話。當眼睛說著一件事情，而舌頭又說著另一件事情的話，經驗豐富的老江湖所接受的總是第一種語言，而深深地懷疑後者。假如某個人失去了他靈魂的寄託，那麼，他的眼睛就會一覽無餘地把這一切都表示出來。從夥伴的眼睛裡，你能夠看出你的異議是否傷害了他的感情，而別管他矢口否認的言辭。當某人準備向人們報告一件好消息的時候，他會有一種眼神；當他說完以後，他的眼神又是另一種樣子。如果眼睛裡沒有溫暖而喜悅的火焰在跳動，那麼，主人的所有熱情款待和親切周到，都只能是金玉其外、敗絮其中的虛與委蛇，而這，也總是像風中的雲彩一樣，很快就被客人們所遺忘。

雖然嘴唇總是百般掩飾，可眼睛卻總是讓它的一切努力付諸東流，眼睛早就把自己內心中隱祕的欲念和盤托出了，這種情況難道還少嗎？相信我們每個人早就見多不怪了。一個人，在一次聚會上完全有可能像一個啞巴一樣，一言不發，別人也沒有向他說什麼要緊的話，可是，只要他沒有疏離自己的社會，還能夠和自己的社會心心相印，那麼，在他離開這個聚會的時候，就有可能完全感覺不到這個事實。因為，一股生命的溪流，流過他的眼睛，流入他的心田，在那裡灌溉著、滋潤著，然後又從他的心裡向外流淌、揮發。

一點也不假！透過某些人的眼睛，人們只能看到紫黑色的漿果。而另一些人的眼睛，則是水靈靈的，深不可測，宛如一眼深邃的井，可以淹沒人類似的。還有一些人的眼睛，好勇鬥狠，貪得無厭，它們似乎在挑釁、襲擊，似乎有必要招來警察，對它們嚴加防範；還有，面對著這樣的眼睛，我們似乎有必要裹在熙熙攘攘的百老匯，借助千千萬萬群眾的保護，才能確保我們免遭它們的侵襲、傷害。我見到過好戰者的眼睛，它們時而在牧師的眉毛下，時而在村夫孺子的眉毛下，閃爍著惡毒的光芒。這是一座古代斯巴達人的城池，裡面陳列著用一把把刺刀堆積起來的刀架。還有詢問的眼睛、堅定的眼睛、鬼鬼祟祟的眼睛，以及充滿災難的眼睛——有些預示著吉祥，有些則是不祥的徵兆。傳說中那種能夠迷倒瘋狂或凶殘的野獸的力量，就藏在眼睛的背後。我們可以肯定的是，它必然是先在自我的意志中取得了勝利，然後才能在眼睛裡發射出來，所向披靡。毋庸置疑，每個人的眼睛都能精確地指示出，他在人類這把巨大的標尺上占有何等的地位，而我們，總是在學習如何閱讀這些細密的刻度。

完美的人應該無須他人來證明他個人的存在，因為，無論是誰面向著他，都會贊同他的意志。因為，他的眼睛告訴人們他的目標是慷慨無私的，是服務於全人類的，而就是這，折服了人們，使人們信服他，跟從他。人們之所以不服從我們，是因為他們在我們眼睛的深處看到了汙濁。

視覺器官向我們展示了如此強大的力量！如果我們因此而嘖嘖不停地讚美它，對它頂禮膜拜的話，那麼，我想提醒一句，不要因此而忽略了其他的臉部器官，它們也負載著屬於自己的獨特而強大的力量。我們都看到了，人的臉不過就幾英寸見方，但就是這片幾英寸的地方，容納了他所有祖先的特徵，也還是這幾英寸的地方，表現著他所有的歷史和欲望。溫克爾曼和拉瓦特是舉世聞名的雕刻家，他們會告訴你，鼻子是多麼重要的一個器官，他們還會告訴你，形狀各異的鼻子們又是如何表現出或堅強或軟弱的意志，或柔和或暴躁的脾氣。朱利烏斯·凱薩、但丁和皮特的鼻子暗示著「鳥喙的恐怖」。牙齒既可以展示精美，也可以暴露缺陷。聰敏的母親總是提醒道：「千萬不要張口大笑，因為那樣就會暴露出你的缺點。」在巴爾札克遺留下來的龐大書稿中，他把其中的一章命名為「步態的理論」。他在這篇文章中說道：「容貌、聲音、呼吸、姿勢或步態都是同一的。它們同時以不同的方式表達著人類的思想。但是，由於人類還沒有獲得同時看守住這四種表達方式的力量，所以，只要留神其中坦白出真相的那一種，你就會了解整個的人。」

我們對宮殿的興趣之所以歷久不衰，主要就是因為它們能夠向人們展示風度：浪蕩和浮華的上流社會一旦居住在宮殿裡，就在自己的臉上鍍了金，他們的言談舉止就可以上升到一個比較高的藝術水準上了，似乎他們就是風度的化身。統治宮廷的格言是：風度就是力量。鎮定而堅定的舉止、優美流利的演說、細節的別緻典雅，以及善於掩飾一切令人感覺不舒服的生活藝術……這一切，都是一位朝臣成功的必修課。

如果願意的話，你可以去讀一讀聖西門、德雷斯主教、勒德雷和一本百科全書式的回憶錄。它們慷慨極了，會把那些行之有效的祕密毫無保留地傳授給你。因此，對一位君王來說，能否記住臣民們的名字和相貌，是一件事關尊嚴的大事。傳說中的一位王子，總是一副低著頭的樣子。他這樣做，為的是不用自己的威嚴壓抑民眾，從而不讓他們產生卑賤之感。

如何保持風度……………………………

這位人物，這位世界上的成功人士，他的天賦究竟是什麼？是風度，是洋溢著力量的風度，是那種能夠意識到自己的優勢的風度，是那種與這種優勢和力量和諧的風度……

如果想保持優雅的風度，就需要別人報以同樣優雅的風度。一個學者既可以是一個教養良好的紳士，也可以不是，甚至相反。在社會上，我們經常發現這樣的情況：當一個熱情奔放的人被介紹給一群儒雅斯文的學者們時，他會發現自己和他們水火不容，因而興致全消，變得沉默寡言，了無生氣。為什麼會這樣呢？因為他們似乎都具有某種他並不具備的特質，而他本來應該具有的。正是這種特質的匱乏導致了他的沉默。但是，一旦某位學者離開了他的夥伴們，那麼，這位熱情奔放的人就獲得了展露才華的機會。因為，那位學者失去了群體所給予他的保護，只好入鄉隨俗，按照眼前的情況隨機應變，進行交際。也就是說，現在他們必須憑藉各人自己的力量來決一雌雄。

這位人物，這位世界上的成功人士，在所有的場合——市場上、議院裡和客廳裡——都顯得那麼普通平凡，我們不得不捫心自問：他的天賦究竟是什麼？是風度，是洋溢著力量的風度，是那種能夠意識到自己的優勢的風度，是那種與這種優勢和力量和諧的風度……看吧，他正在走近他的對手。他心裡清清楚楚，軍隊早就按部就班地準備好了，剩下的只有行動了——這就是他的廉價的祕訣，就像兩個人之間，因為任何一件事情而發生爭鬥時的情況一樣，其中的一個人很快就會發現，自己掌握著處理這種危機的鑰匙，他的意志包含、融化了對方的意志，就像一隻貓可以征服一隻老鼠一樣。他只需要運用禮貌、耐心，和顏悅色地為對手提供各式各樣的動機和藉口，幫助他遮蓋起拴在脖子上的鐵鏈子，或者，把它包裝得像一根華麗絢爛的項鍊，以免他感到羞辱的刺激，奮起反抗。

在戲院裡，風度是一門事關重大的科學，這跟禮節有關。對我們而言，這個劇院並不是威嚴而豪華的宮廷，而只是必須身著晚禮服才能進入的包廂。沒錯，晚禮服就是敲開這扇大門的通行證。在那裡，在那些裝飾華麗的客廳裡，在一天的事務完結之後，悠閒的男人和女人們就紛紛聚攏來，相互遊戲、娛樂。我們無法否認，這裡有著各式各樣的優點，可謂精彩紛呈，蔚為大觀。然而，同樣無法否認，對那些感情真摯的人來說，對那些胸懷大志的兒女英雄們來說，我們卻不能把它裝點得過於神祕迷人，不能把它吹捧得高不可攀。

在這衣著講究、男歡女愛的歡樂場所中，每個人都挖空了心思想著讓別人快樂，可是，出身高貴的土耳其人來到了這裡，卻以為每一位婦女似乎都是由於沒有座位而在難受地消磨時光，同樣，所有的談話者都被缺氧的空氣弄得精疲力竭、頭昏腦漲。也就是說，在他看來，正是這種場合毀了最優秀的人物，它讓每個人都顯得誇張做作。不過，請不要杞人憂天，人們就是在這裡撰寫和閱讀祕密傳記的：這個傢伙的這個方面令人討厭，我厭惡他，對他敬而遠之；那個傢伙看上去神經過敏，膽小怕事；而這位年輕人，看上去謙和儒雅，而又富有男子漢氣質，我就選擇他吧；哎呀，瞧瞧這位婦女，既沒有出眾的相貌，也沒有漂亮的談吐，更不具備讓人賞心悅目的高雅魅力，可是，所有的人都興高采烈地圍著她，盯著她，因為，她風采旖旎，在人們心裡留下了健康的印象；哎呀，這裡來了幾個多愁善感的傢伙，還有幾個老弱病殘；這位就是眾所周知的埃莉斯，自從她來到這個小世界時就患了重病，而且從那以後，病情總在加劇；這裡還有幾位，舉手投足有如小偷。「你看看諾恩科特，」富塞利說過，「他看上去就像一隻老鼠見到了一隻貓。」

在這幫忽而激動忽而疲勞的朋友中間，還有這位專欄撰稿人伯納德，他坐在那兒，泰然自若，就連阿利根尼山脈也不會比他更從容自然。這裡是塞西爾可愛的眼睛，它們歡呼著，緊緊地追隨著你，似乎她是一顆璀璨的明珠，永遠都令人心蕩神馳。再也沒有什麼能夠比格特魯德的風度中科林斯式的古雅更為出色的了，但是布蘭奇——毫無風度的布蘭奇——卻比格特魯德更加風采奪目，因為她的一舉一動都是一種精神的迸發，一種足以讓這一時刻燃燒的精神的迸發。倚仗著這種卓越的精神，她足以用瞬間的動作來表達每一種思想。

關於風度，有些人把它說成是智者所發明的一種詭計，為的是把人拒於千里之外。這多少有些冷嘲熱諷，然而，我們也應該看到，時髦的人們總是非常敏銳地發現哪些人不是她的隨從和追逐者，她幾乎彈無虛發，從不浪費自己的注意力。社會的觸覺像蛇一樣敏銳、迅捷。假如你不屬於它，它就會抵制你、嘲笑你，或者明修棧道，暗度陳倉，悄悄地斷絕與你的交往。它有多種多樣的攻擊武器，第一種武器會使被攻擊者惱羞成怒、暴跳如雷；第二種武器就更加厲害了，它無影無蹤，無法抵禦，因為其投入使用的日期不易為人所察覺。人們就是在這種痛苦無聲的打擊之下成長和衰老，他們永遠也不會懷疑這個真理。孤獨，是腐蝕他們的劇毒，在他們的身上為害甚多，讓他們怨天尤人，可就是找不到自己孤獨的真正原因。

風度與自立

我們應該銘記，是英雄，在任何地方都應該遊刃有餘，無拘無束，成為人生的主宰者。

自立，是雍容大雅的風度之基礎。有些人總是感到自己迫不得已，那是因為他們缺乏自制的能力，事情就是這樣惡性循環下去的。面對著這些缺乏自制的人，我們感到無奈和痛苦。有些人覺得自己屬於賤民階層，他們一天到晚膽顫心驚，害怕得罪了什麼人。他們無論見了什麼人都點頭哈腰，鞠躬陪笑，戰戰兢兢……就這樣，一生的光陰轉瞬即逝。

我們有時候會夢到自己赤身裸體地站在一群衣冠楚楚的人們中間，被他們包圍、指點、責罵，而戈弗雷的所作所為跟我們夢見的一樣，他好像總是遭遇某種奇恥大辱。我們應該銘記，是英雄，在任何地方都應該遊刃有餘，無拘無束，成為人生的主宰者。首先，他應該顯得心安理得，溫柔可親，進而把舒適感傳染給每一位旁觀者。英雄就是他們自己，對此，人們只能聽之任之。意志剛強的人漸漸會發現，只要他能夠為社會履行他與生俱來的職責，他就能夠獲得一種免疫力——這並非危言聳聽或誇大其詞！他總是能免去一切由社會強加在普通人身上的清規戒律和義務，或者說，他總是使自己成為自己，而不是相反。阿斯帕西亞說：「歐里庇得斯並不具備索福克勒斯的那種清雅的風度，但是，」她又欣然補充道，「這個世界屬於那些鼓舞著和統治著我們的靈魂的人。毋庸諱言，在這個世界上，在那些由他們賦予了生命的動物們面前，他們有權隨心所欲地、隨隨便便地伸展他們的四肢。」

風度決定魅力

風度之中永遠蘊涵著真正的力量，如果我們看到一個人的表情中洋溢著一種人人都可以看出來的寬厚和滿足，那麼，我們可以毫不猶豫地說，這是一個目標明確的人。

風度需要時間，因為，倉促慌張乃天下一切粗俗造物的始作俑者。我們知道，友誼應該在禮儀和尊敬的馨香氛圍中開出最美麗的花朵，而絕不能被趕進死胡同，那樣，只會把友誼之花擠爛壓碎，暴殄天物。我們那些可憐的大忙人們，常常抱怨缺少培養友誼的時間。是啊，友誼乃是我們一生的事業！羅蘭朝著我走過來了，柔情蜜意引導著他，圍繞著他，就像一朵聖潔的雲彩或者一位神聖的幽靈。真是可憐，我們兩個人，竟然都沒有更多的空間來款待這種友誼，相反，卻為一些纏繞不休的事務所妨礙、糾纏。這是一種怎樣的窮困潦倒呀！

不過，現實之光永遠閃爍不已，穿透種種瀰漫的霧障。人們無法阻止這種強而有力的內容，突破這種花樣繁多、色彩漂亮的形式。這塊核心最終將浮出地表。那些古老的風度在堅強的意志和敏銳的洞察力面前將失去自己炫目的光環，而最終退避三舍；同時，一種新的風度，在這所向披靡的意志和洞察力的輔佐之下，閃亮登場。此時此刻的思想，比以往的任何思想都更有價值。它才是現在真正的主宰。不管有意還是無意，我們並不怎麼留意那些個性卓異的人物的風度，因為，他們的風度如強烈的光芒一樣，倏忽即逝。我們完全沒有能力觀察他們的行為方式，而只能對著他們的所作所為驚嘆不已。我們必須承認，在世間萬物中，再也沒有什麼東西比這種貫穿在行動中的偉大風格更有魅力的了，而如果能夠從生活百變金剛的面孔中辨認出這種風格來，那就更是人生的大幸運了。

在我們眼前，人們在他們的財富、名銜、職位和社會關係等方方面面都戴著假面具。他們或是扮作大學校長、政府要員，或是扮作議員、教授或大律師，他們用這些生造的名氣來欺騙那些無知輕信的人——不過，他們也確實欺騙了不少人。所以，我們有必要提醒自己，最起碼，我們應該以謹慎和客氣的態度來慎重地對待這些名分，彷彿他們確實有什麼長處似的。然而，紙包不住火，這些鬼鬼祟祟的伎倆在那些飽經風雨的現實主義者面前，絕對無法藏身，他們一眼就能識破他們，對此，他們也都心知肚明。就像在被繁華所籠罩的巴黎，當警察局長步入一家舞廳後，許許多多用鑽石來裝點自己的冒牌貨就會悄悄地退避一旁，盡量地遮掩自己，不去引人注目，或者，在不得不走過他的身旁時哀憐地睃他一眼。

風度之中永遠蘊涵著真正的力量，因而，它可以在人們心裡留下自己的影子。如果我們看到一個人的表情中，洋溢著一種人人都可以看出來的寬厚和滿足，那麼，我們可以毫不猶豫地說，這是一個目標明確的人。可是，你無論如何也無法為某人培養出一種恰如其分的風度，除非你能夠把他培育成那種一生下來就能夠表現出某種風度的人。

自然總是現實的催化劑。什麼事情如果只是為了裝裝門面，那麼，在人們的眼中，它也無法顯出更多的東西，也就是說，只是裝裝門面罷了。還有，如果一個人所做的一切都是為了愛情，那麼在人們的感覺中，也只有愛情的影子。一個人能夠令人愛慕、景仰，那是因為他從來就沒有一心等待這種愛慕和景仰，這就像一個人做了什麼事情，如果一心期待著我們為此去拜訪他，那麼，這件事情一定是在黑暗和陰冷中完成的，而這，已經與事情的本源背道而馳了。

正直——哪怕是最微薄的一丁點的正直，也都勝過任何虛浮的功名利祿。這種表面行動的源泉是如此的深不可測，以至於連自己夥伴的身價似乎也隨著他思想的自由波動而變動。在他悠閒的時候，不但他的心胸更為寬廣，他的思想更為闊大，就是他周圍的一切，也會隨著他的表情而變化。

任何折尺、標竿和測鏈都無法丈量房屋或房基地：走進那房屋，如果主人局促不安、唯唯諾諾，那麼，即使他的房子再大，庭院再美麗，也毫無意義，在這種流於應酬的空氣中，只一會兒，很短的一會兒，你就會覺得一切已經告終。相反，如果主人鎮定自若、高高興興、無拘無束，那麼他的房間就會顯得根基牢固，寬敞軒朗，趣味盎然，那房頂那屋宇如同天空一樣活潑開朗。在這個最簡陋的屋頂下，即便是穿著樸素的最最普通的人坐在那裡，也會顯得身材偉岸、氣宇軒昂，而同時又不失埃及巨人般的威嚴。

在這種比梵語還要古老的語言面前，任何的語法規則都是不可能的，然而，令人驚異的是，在這裡，即使是那些不知道英語為何物的人，也可以通達地了解這門語言。人們第一次見面時——或者說，每次見面時——就彼此衡量。有時候，甚至還沒有開口說話，他們就已經透過這神祕、古老的語言洞達對方的力量和素養。他們是如何做到這一點的呢？我們說，他們的力量並不在於他們說了些什麼，或者說，並不在於他們的言談舉止中所傳達的論點使人心悅誠服。答案不在這裡，答案在他們的人格那裡：他們以他們的氣質、身分、以前的所作所為包容了對方。

總是有人聽命於一位早已是強者的人，他所說的一切都會環繞在歡呼聲中。另一個人用有力的證據來反駁他，但人們卻會譏笑他的證據，直到不久以後，這個證據進入了某一個有分量的人物心中，那時候，它的力量才會逐漸地影響社會，進入人們心中。

自立是風度不竭的源泉

一個人只有在他迫不得已和不得不說的時候，才能有助於我們和他自己。

自立是風度不竭的源泉，因為，只有在它博大而寬厚的滋潤下，風度的力量才不至於在氾濫的炫耀中被消耗乾淨。在這裡我們大量地閱讀、寫作、表達……我們以為這樣自己就有文化了，其實，這樣充其量只會使我們學來一些膚淺的皮毛，而拋棄了真正的黃金。我們總是不停止地炫耀自己的高貴，在詩歌中，在演說中，然而，我們卻沒有把這種口頭上的高貴轉化為我們生活中的幸福。古往今來，一直有這麼一句悄悄話遊蕩在人間，可是，只有那些有能力領悟它的人才能聽得到它美妙的聲音：「凡事若只有你一人知道，那麼它就必定具有非常大的價值。」

我們完全有理由相信，當一個人並不是用筆來寫作他的詩歌的時候，那如泉水般來源於心靈的詩歌，就會透過他身上的其他管道揮發出來，而不僅僅用墨汁寫在紙上。那詩歌就依附在他的姿態中，蘊藏在他的言談中；而詩人們除了他們的詩歌之外，通常再也沒有什麼有詩意的東西了，雅各比說過：「當一個人淋漓盡致地表達完他的思想之後，那思想也就多少不再屬於他了。」人們不會否認，這是一條定律：一個人只有在他迫不得已和不得不說的時候，才能有助於我們和他自己。在他向別人解釋他的思想的時候，他更多的是在向自己解釋。但是，一旦他把思想袒露出來炫耀，就像炫耀自己胸脯上的肌肉那樣時，那麼他的思想只會使他膚淺、墮落。

小說中的風度

最美好的生活莫過於交往，最偉大的成功莫過於信任，或者說是真誠的人們相互之間完完全全的理解。

在社會這個廣闊的舞臺上，風度翩翩起舞，展示自身。而小說，則是風度的文學，是風度的日記和記載。這些書籍有自己新的重要性，而這新的重要性源於這個事實：小說家們已經掀開了事情的帷幕，看到了事情的內部要素，這就是說，他對這部分生活的處理比以往更具有價值。過去的小說格調粗俗，千篇一律，蒼白無力地浮動在本應豐富多彩的生活的表面上。過去的小說總是誤導我們，使我們對它所描繪的年輕男女的命運產生一種愚蠢可笑的興趣。它總是講述著這樣的陳詞濫調：我們年輕的男主角將要從某個卑賤的地位上升到某個尊貴的地位，而他需要一位夫人和一座城堡。故事的所有目標就是要為他提供其中之一，或者乾脆全部滿足他。我們滿懷同情和喜悅地看著他，在這人生的臺階上一步又一步地攀登著。最後，目標完美實現，婚期也敲敲打打地確定了，我們就又隨著歡慶的隊伍向城堡跋涉，直到大門在我們面前轟然關閉。這時候，我們——這些可憐的讀者才發現，我們被可恥地拋棄在大門外的寒冷之中，既沒有某種思想來充實我們，也沒有某種道德來溫暖我們。然而，性格的勝利是一瞬間的產物，所有的勝利也都是這樣的。在它偉大的胸懷面前，一切都變得遼闊起來，每一位英雄的趣聞都錘鍊著我們的意志，使之百鍊成鋼。小說是另一種《聖經》，只要它能夠把這個祕密授予你：最美好的生活莫過於交往，最偉大的成功莫過於信任，或者說是真誠的人們相互之間完完全全的理解。在法語裡，友誼的定義是：真誠的理解。我們和我們的夥伴們所能簽訂的最高契約是：「讓我們兩人今生今世永遠真誠相待，彼此忠誠。」

在故事開始，真正的英雄們就肝膽相照、彼此理解，對對方寄予深切的信賴，這就是所有優秀小說的魅力，也是所有優秀歷史書籍的魅力。如果你能這樣評價一個人：我不用再和他見面、交談，或者書信往來；我們也不再需要加強我們之間的友誼或者互相贈送懷念的信物；我信任他，就像信任我自己，可以這樣說，我們彼此是對方的身體和靈魂；倘若他做了如此這般的事情，我確信那是世間唯一正確的選擇……
如果你能這樣感覺和評論另一個人，那將是一種多麼崇高和理想的境界啊！

傑出者的風度

如同個人的美貌可以給人們留下美好的印象一樣，風度可以給人們留下更為歷久不衰的印象。風度可以給人們同樣的興奮，它可以像美貌一樣，使我們變得更加高尚。

我見過一些傑出的人物，在他們身上，我都發現了一種難得的直率。他們總是能夠比別人更加坦誠地說出肺腑之言，彷彿一切障礙、一切畸形，在他那裡，都已被修剪殆盡。他們還有什麼需要隱瞞呢？他們還有什麼需要展示呢？

在淳樸和高貴的人們之間，總是有一種一觸即發的慧心：他們一眼就能辨認出對方，他們的會見總是建立在一個理想的基礎之上，而且，這比他們所可能碰巧具備的才能和技巧更加完備，也就是說，這是建立在真心誠意和光明磊落的基礎之上的。因為，友誼和性格的本質並不是一個人所具有的才能或天賦，而是他如何對待他的才能。

自助者天助之。聽說，巴斯爾修道士在被教皇驅逐出教會以後，在棄世時被監押給一位守護神，由他來替修道士在地獄裡尋覓一塊最適合的受苦受難地。但是，修道士能言善辯、性格敦厚，無論走到哪裡，他都為自己贏得熱烈的歡迎和鄭重的禮遇，甚至連野蠻的守護神也不能拒絕他的仁慈智慧的光照，而愛戴他。每當修道士與人們交談時，他們不但不反駁他或勉強他，反而會站在他的一邊，仿效他的舉止言談。甚而至於善良的天使也從遠處趕來見他，和他一起居住。奉命前來替他尋找一塊受難地的守護神試圖把他轉移到一個更加痛苦的深淵，但這仍然無濟於事。因為，修道士樂天知命，每到一個地方，每遇到一群人，他都能發現一些值得稱讚的東西。即使是在地獄裡，他也能夠把它變成一座天堂。末了，押送修道士的守護神和他的囚犯一起回到了那些派遣他來完成這項使命的人們那裡。他報告說，他實在找不到任何火來燒死修道士。因為，不論在何種條件下，巴斯爾仍然還是死不改悔的巴斯爾。傳說他終於獲得赦免，進入了天堂，並被追認為聖徒。

在波拿巴寄給兄弟約瑟夫的信件中有那麼一絲恢宏的氣度。當時，約瑟夫是西班牙的國王，他抱怨在拿破崙的信裡，他們童年時信件中的那種情深意篤的語氣一去不復返了。拿破崙回答說：「真抱歉。你還以為你只會在天堂樂土裡再次找到你的兄弟。他在四十歲的時候對你的感情自然不會像他在十二歲時對你的感情。但是，他現在對你的感情比過去更真摯更有力。因為，他的友誼出自於他的心靈。」

我們對那些讓罕見的風采氣勢輝煌地君臨人間的英雄們是多麼的寬容啊！我們可以忽視他們的簡陋、鄙俗、寒磣，甚至可以原諒他們缺少較為高尚的美德。他們用自己非凡的氣度折服了我們，我們是多麼一成不變地想念著他們啊！

現在，在我的手裡，有一篇課文，這是我童年時在古典文學中學到的課文，與最優秀的羅馬逸話相比較，它也毫不遜色。馬庫斯．斯考勒斯受到了昆塔斯瓦里約斯．伊斯帕諾斯的指責，認為是他在聯軍中煽風點火，使他們拿起武器來反對共和國。但是，他以一種異常堅定和嚴肅的方式為自己辯護道：「昆塔斯．瓦里約斯．伊斯帕諾斯聲稱是元老院的執政官馬庫斯．斯考勒斯煽動聯軍拿起了武器。元老院的執政官馬庫斯．斯考勒斯堅決否認這一點。現在並沒有證據。你們相信哪一方呢，羅馬的公民們？」當他說這些話時，他獲得了公民大會的寬恕。

這樣的情況應該並不少見：如同個人的美貌可以給人們留下美好的印象一樣，風度可以給人們留下更為歷久不衰的印象。風度可以給人們同樣的興奮，它可以像美貌一樣，使我們變得更加高尚。而且，在一些難忘的經歷中，風度可以超越相貌，在它耀眼的光輝的閃爍之中，美好的相貌顯得多餘或醜陋。不過，要想捕捉到這樣的風度，就必須具有敏銳而細膩的洞察力，必須知道什麼才是真正的美。

風度是一種自我克制的藝術，它必然會自始至終秉承著自己的信條：你可不要委曲求全、一團和氣、百般謝罪，或者泄露祕密，你應該管得住自己的嘴巴，讓合適的言辭脫口而出，而那些適得其反的話，就讓它們在肚子裡消失吧；你的每一種行為舉止，暗示著那種靜如處子、動若脫兔的力量。此外，這些良好的風度還必須由同樣良好的催化劑來激發，是的，美好的心靈就是這風度最好的催化劑。

如果你立志在我們的生活中撒播喜悅而非痛苦，那麼，這種美好的願望就是面容、姿態或行為的最好的美容師。為一個陌生人提供一餐飯或者一夜的住宿，這無疑是善行。而熱情地對待一個夥伴善良的意圖和思想，並且鼓勵他，這是一種更大的善行。對待一幅畫，我們願意給它提供明亮的光線這種有利的條件；對待一個人，我們就必須像對待一幅畫那樣彬彬有禮。我們無須考慮特殊的箴言，行善的才能已經把所有的箴言全部包括在內。生活像一個神奇的萬花筒，瞬間萬變，每一個小時都向我們展現出一種新的職責，就如我剛剛幻想過的那種職責一樣至高無上。然而，無論如何，我還是要提醒你記住這一點：對一切有教養、有理智的凡人來說，有一個論題是萬萬不可觸及的，那就是他們的疾病。

如果你還沒有睡著，或者你睡著了；如果你患了頭疼、坐骨神經痛、痲瘋病，或者是遭到了雷電的打擊，我懇請你：看在所有天使的份上，保持平靜吧，因為，所有與你同住在此的人正在給它帶來靜謐和快樂的思想。從藍天上走出來吧。熱愛這白天。切莫在你的風景畫中放棄了這片天空。即使是最德高望重和最功勛顯著的人，在走進任何一個剛剛清醒過來的人群時，也應該非常謙虛，他應該尊重神聖的感情交流，而所有的人都必須被假定是剛剛從這種神聖的感情交流中走出來。一位曾經為廣闊的生活經歷增添過一種高尚文化的老人對我說過：「當你進屋時，我想我會研究怎樣才能使人類在你的眼前顯得美好。」

說到修養，這可真是一個微妙的問題！我認為，我們無法為它制定任何正面的規則，也許，我們只能從反面的規則中來警惕自己，以免自己誤入深淵。至於正面的規則，至於啟發和指點，大自然會單獨地賦予修養以靈感。任何一種想指導一位年輕人或一位少女達到完美風度的做法都是違背自然的，風華絕代的光彩是如此的妙不可言而又艱難曲折，坦白地說，它是永遠難以抵達的。在為一位年輕姑娘的品行草擬親切的格言時，又有哪些最纖細的手不會感到蠢笨如牛呢？

成功的機會似乎從來就不存在，然而人們卻在不斷地獲得成功。自然絕不允許第二位的東西褻瀆。我們幾乎可以百分之百地說：她的神采和她的風度，立刻就可以顯示出她並非是第一位的，還會有別的人，或者有許許多多其他的人像她一樣；相對他們來說，她只不過習慣於把自己放在次要的地位上。然而，自然輕而易舉地就將她抬了起來，使她在不知不覺中超越了那些難以想像的高度。那些優美和得體的風度之所以不斷地使我們感到驚奇，是因為那種優美和得體不僅是無法教授的，而且就是用筆墨或言辭來描繪，也常常令人感到捉襟見肘。

第四章　性格

性格是一種潛在的力量

人往往是事件的點綴，只有一半寄託在他所生活的這個世界上，而且還笨拙不堪。所以，在這些事情中，似乎事物的生命灌注到了他的靈魂之中，因而，他顯得光彩燦爛，力大無窮。

透過讀書看報，我發現了一個有趣的現象：那些親自聆聽過查塔姆勛爵講話的人們，感到他的身上有一些奇妙的東西，這些東西，比他講過的任何東西都要優美得多。還有人絮絮叨叨，一直抱怨我們英國的那位才華橫溢的法國革命歷史學家，說他把關於米拉波的事實都講得乾乾淨淨、一無所有了。可是，我必須告訴他們說，他們的這種抱怨可並沒有證實他們對這位天才的評價有任何的道理。

其實，在歷史上，這樣的情況多得是：在普魯塔克的英雄錄中，有關格拉古兄弟、亞基斯、克萊奧梅涅斯等人的記載，也與他們的名聲不符；菲力普．錫德尼爵士、埃塞克斯伯爵、沃爾特・雷利爵士等人，都是些雷聲大，雨點小的人物，也就是說，他們名聲很大，可是卻業績甚少；在關於華盛頓的記載中，我們找不到一丁點有關他個人力量的記載；就席勒的著作而言，也難免有名不副實之感……

有一點，我們必須說清楚，那就是：這些名聲與作品或業績相脫節的情況，是無法用雷聲短、回聲長這樣籠統的話來一筆帶過的。真正的情況應該是這樣的：這些人身上的某些品質過於輝煌，以至於在人們中間產生了一種期望，而這種期望掩蓋了他們其他的一切作為。也就是說，他們絕大多數的力量是潛在的。這就是我們所說的「性格」——一種有所保留的力量，一種直接靠風度發揮作用的力量，一種遠離手段的力量。

人們往往把性格想像為一種無法證明的力量，一種精靈或守護神，人們在它的衝動的引導下行動，然而，卻無法傳達它的計畫。它是人最密切的夥伴，所以，那樣的人往往落落寡歡，或者，即使他們恰巧天性樂觀，他們也往往不需要特別的交往，而只是自得其樂。那些令人眼花撩亂的文學才華，在一個時期顯得偉大輝煌，而在另一個時期，卻又顯得黯然失色，而性格卻具有一種太陽那樣無法磨滅、甚至減少的偉大。別人的成就是靠靈光一現的才華或者滔滔不絕的口才而獲得的，可是我們眼前的這個人，則是靠某種一勞永逸的魅力來贏得自己的事業的。

「他一半的力量還沒有發揮出來。」他之所以取勝，靠的是得天獨厚的優勢，而非大動干戈。他之所以能夠征服一切，是因為他的到來就是最好的武器，只要有他在場，事情就會得到根本的改觀。「『伊俄勒啊！你怎麼知道赫拉克勒斯是一個神靈？』伊俄勒回答說：『我一看見他，就覺得他與眾不同，所以特別的滿意。我看見忒修斯的時候，我唯一的希望就是能夠看到他進行挑戰，或者，至少在戰車比賽中驅馬前行。可是，赫拉克勒斯就不一樣了，他並不是等著比賽。不管他是站著、坐著、走動著，還是做什麼其他的事情，他都能夠一往無前，且載譽歸來。』」

一般來說，人往往是事件的點綴，只有一半寄託在他所生活的這個世界上，而且還笨拙不堪。所以，在這些事情中，似乎事物的生命灌注到了他的靈魂之中，因而，他顯得光彩燦爛，力大無窮，跟那些主宰潮汐、太陽、數和量的法則隸屬於同一個範疇，或者說，就是那同一個法則的不同表現。

為了講得更到位，我得選擇一個更加樸實的例子。我注意到，在我們的政治選舉中，如果這種因素出現的話，那麼，也只能以最粗劣的方式顯身。其實，也只有這樣，我們才能夠理解它無與倫比的價值。人們知道，他們在自己的代表們身上所期望的並不僅僅是光彩奪人的才華，而是說，他們需要的是使他們的才華得到信賴的那種力量。他們當然不能送一個發言人去國會，送一個敏銳博學、口若懸河的發言人之後，就完事大吉了。

如果他不是這樣一個人，那麼，在人民還沒有指定他做自己的代理人之前，他就已經被萬能的上帝指派去代表一個事實了——因為絕對相信他身上的那件事實——這樣，即使那些最狂妄、最暴烈的人，也清楚地看到，這裡有一種奇異的力量，一種連厚顏無恥和血腥恐怖也無法摧毀的力量，也就是說，有一種對事實的強烈信仰。

那些在無止靜的爭論中戰勝對方的人，用不著去諮詢他的選民他應該說些什麼，因為，他們自己早就成了他們所代表的那個國家：國家的感情和見解，在哪裡也沒有在他們的言談舉止中表現得那麼真實和即時，在哪裡也沒有在他們那裡那樣純潔，即使是絲毫的私心雜念也無法在他們那裡藏身。選民們坐在家裡，傾聽著他們的講話，注視著他們的面孔，就像注視著一面無所不在的鏡子，仔細地清潔起自己的面容來。

也許有些失意或無聊的人會憤憤不平地嘀咕：為什麼那個人就那麼幸運呢？我可以斬釘截鐵地回答他：沒有什麼道理好講，因為道理就在那個人身上，或者說，他就是道理的化身。我相信，對這個問題，大多數人都會這樣回答的。只要一看見他，他成功的原因就一目了然了，就像你看見拿破崙之後，馬上就明白他的運氣一樣。

透過別人的知覺，我們很容易就在新生事物中發現那些老把戲，也就是那種面對事實卻不加以處理的習慣。一看見那天生的商人，你一下子就恍然大悟了，覺得貿易是大自然中最自然不過的事業之一。因為，那貿易的天才，與其說是一個私人的代理人，還不如說是大自然的代理人。

他天性誠實，目光遠大而敏銳，這兩者在他身上完美地結合在一起，構成了一個良好的社會組織，這使他不屑於耍弄一些小花招，而是把自己秉承的信念在世間傳播：契約是公意，私人無法解釋。就這樣，他的思想習慣就逐漸地成了標準和公共利益的保證。無論是誰，都由衷地敬仰他，都想跟他打交道，他們之所以這樣做，一方面是因為身上具有一種寧靜的榮譽精神；另一方面，是因為他那才華橫溢的思想給人們帶來了無限的精神享受。

這樣的貿易必定會無限地延伸：今天，把南太平洋變成自己的碼頭；後天，又把大西洋海面變成自己熟悉的港口。但是，儘管這一切浩瀚廣博，可是，一切事物的核心卻都存在於他的腦海之中，而且，只能存在於他的腦海之中，在這個世界上，沒有一個人可以改變、動搖他的地位。

今天早晨，就在他的客廳裡，我清清楚楚地看見他一直在兢兢業業地苦幹著，眉頭緊鎖，脾氣依舊，這是他想顯得彬彬有禮的努力所無法擺脫的。我還清清楚楚地看見他做出了多少堅定的決定，說了多少勇敢的「不」字，要是別人，我想，從嘴中說出來的一定是個痛快的「是」字，可是，如果要是這樣的話，那會帶來多大的災難啊！我還看見他那在貿易活動中的藝術尊嚴，絕妙的算術技巧，以及縱橫捭闔的能力……總而言之，我看見的不是一位商人，而是一位世界原始原則的執行者和玩弄者，他無所不能。

他自己也相信，沒有人能夠代替他：一個人必須天生就是從事貿易的資質，否則，無論如何學習，他也無法成為行家。

性格也是一種自然力

一位真正的大師，往往使自己的影響遍布四方，而且像現實一樣逼真可信！

他激發了他能力所及的一切，而且，他能夠看到的，也是他所激發的一切。

這種出類拔萃的能力如果出現在比較單一的行動中，就會顯得更加光彩奪目。在人數最少的夥伴中，或者在個人關係中，他的工作幹勁往往最充足。無論在什麼樣的情況下，這都是一種不尋常、難以估量的力量。他會使過火的體力癱瘓。透過某種催眠作用，高尚的天性壓倒低劣的天性。才能被禁錮起來，無計可施。也許，這就是這個世界上最普通的規律：如果高無法使低降伏就範，那麼，就索性使他麻木不仁，就像人類用魔法使低等的動物束手就擒那樣。人們往往彼此在對方身上施加著類似的玄妙力量。一位真正的大師，往往使自己的影響遍布四方，而且像現實一樣逼真可信！一條統攝萬物的河流似乎從他眼中流出，流進所有那些注視著他的人的心田之中；一道強烈的悲光的河流，波濤洶湧，把自己的思想滲透到宇宙萬物之中，使一切事件都染上他的色彩。

孔奇尼的妻子無法理解自己的丈夫是如何對待梅迪奇的瑪麗的，因此，就問道：「你用的什麼樣的方法呢？」回答卻異常的簡單：「不過是堅強的心靈對軟弱的心靈的那種影響罷了。」難道鐐銬加身的凱薩就不能把鐐銬從自己的身上解脫下來，轉而把它們戴到監獄看守希波或思拉索的身上？難道手銬和腳鐐是一種不可改變的桎梏？假如一個奴隸販子在幾內亞的海岸上把一群黑人裝上船，可是，他的疏忽大意使他沒有發現自己竟然把一個圖森．路維杜爾那樣的人裝了上去，或者，讓我們這樣想像一下，他裝上船的是一些被鐐銬束縛著的、戴著黑色面具的華盛頓。那麼，我們可以推測一下，當船隻到達古巴的時候，難道船隻的秩序還一如從前？難道除了鐐銬繩索之外什麼都沒有？難道沒有敬愛的感情在他們之中產生？難道一個可憐的奴隸販子的心靈永遠漆黑一團，無法被光明所穿透？難道這些人就不能砸碎鐐銬，不能逃跑，或者採取其他的任何方法，讓這一兩英寸鐵環的拉力化為烏有？……

如同光和熱一樣，這也是一種自然力，大自然都與它親密無間地合作。為什麼我們對有些人的存在那麼敏感，他們剛一現身，我們就感覺到了，而又為什麼我們對另外一些人的存在那麼遲鈍，無法感覺到他們的存在呢？原因很簡單，就像引力一樣，有些被我們感知，而有些是我們無法感知的。真理是存在的巔峰，而正義則是真理在具體事物上的運用。一切單獨的自然現象，都依據自身成分的純潔性，排列在一個秩序井然的系統中。純潔的自然意志從他們自身流出來，流向其他的自然現象，就像水從一個高處的容器中流進一個低處的容器中一樣。

跟其他的自然力一樣，這種自然力也是無法抗拒的。我們可以把一塊石頭扔向空中，然而，實際情況總是一樣的：所有的石頭最終都要落下來。我們還可以舉一些五花八門的例子，譬如，盜竊者逍遙法外，謊言也有人相信等等，但答案仍然是一樣的：最後的勝利者一定是正義！真理的特權就是使人無條件地相信並服從它。性格就是這樣一種透過個別的自然媒介展現的道德秩序。一個個體就是一個無所不在的包圍者，在他的包圍之下，不論是時間與空間、自由與必然，還是實際與思想，都不可能再放任自由、我行我素。現在，宇宙就是一個無邊的柵欄。人身上的一切都沾染著他靈魂的色彩。不論他身上有什麼樣的品質，他都竭盡全力，把它們灌輸到他能力所及的一切自然中去，他也不想在浩瀚無垠的洪荒之中淹沒了自己，然而，無論經過怎樣曲折的路線，他所關注的一切，最終都必定回歸到他的利益之中。

他激發了他能力所及的一切，而且，他能夠看到的，也是他所激發的一切。就像磁鐵總是跟磁極保持一致一樣，健康的靈魂也總是跟正義和真理的步調統一。這樣，在所有的觀察者眼中，他就是他們和太陽之間的一個透明物體，誰迎著太陽前進，誰就必然向他走去。這樣，對那些不在同一個水平線上的人來說，他就是他們的最高影響和媒介，或者說，他就是他們的太陽。所以，有性格的人就是他們那個社會的良知。

對事物秩序的先見之明

造化早就按照性別、年齡或人的氣質所表現出的某種形式把我們的惡分門別類了，如果我們會產生恐懼，那麼它就隨時隨地可以發現恐怖。

環境的抵抗力是衡量這種力量的唯一自然標準。那些不純潔的人，總是目光短淺，把生命看成是反映在見解、事件和人物中的那個樣子。只要行動沒有完成，他就無法看見事情的本質。然而，事情並非如此，行動的道德因素早就在行動者身上預先存在了，所以，他的是非性質並不是難以預測的。自然界的一切總是兩極分明的：有一個正極，就有一個負極；有男性，就有女性；有精神，就有事實；有南方，就有北方……如果精神是正極，那麼，事件就是負極；意志是北極，行動就是南極。

我們可以把性格的天然位置放在北方，這個體系的磁性流就來源於它，而軟弱的靈魂則被吸引向南極或負極。這些軟弱的靈魂啊，他們的眼睛總是緊緊地盯著行動的利害，卻從來不考慮原則性的問題，除非他們已經被一個人所吸納。他們不知道可愛為何物，卻一心希望獲得別人的愛。有一類性格，喜歡聽到別人談論他們的缺陷；而另一類性格則截然相反，對自己的缺點諱莫如深。他們崇拜的神靈就是一個個的事件：只要緊緊地抓住一個個的事實，一個個關聯，一個個的情景，就再也顧不得其他的了……而那些英雄的人們卻明白：一切事件都是附屬物，都是聽命於他的附屬物。任何一種既定的事件的秩序都無法使他的想像力得到滿足。善的靈魂總是逃避任何一組事件，而成功卻屬於某個心靈，並願意把那種就是他的天然成果的力量和勝利引進任何一種事件的序列之中。

性格的缺陷是無法彌補的，也就是說，任何的事件的變化都無法使人的性格更加完美或者更加低劣。我們總是揚言，我們已經粉碎了許許多多的迷信，然而，事實卻並非如此，如果一定要有個說法的話，那事情的真實情況與其說是上面那個樣子，還不如說是下面這個樣子：如果我們粉碎了一些偶像的話，那並沒有什麼可驕傲的，因為，那只不過意味著我們偶像崇拜的轉移！我們不再宰殺公牛，祭祀喬武、涅普頓；不再捕殺老鼠，祭祀赫克忒；我們不再在復仇女神、天主教的煉獄或者加爾文主義的最後審判日前瑟瑟發抖……可是，如果我們聽到別人的意見，或者我們所謂的輿論，或者面對攻擊的威脅、謾罵、惡劣的鄰居、貧困、殘疾、革命或者謀殺的謠言而發抖的話，難道我們能說我們有什麼進步嗎？如果我是發抖的，那麼，面對著什麼東西發抖又有什麼關係呢？造化早就按照性別、年齡或人的氣質所表現出的某種形式把我們的惡分門別類了，如果我們會產生恐懼，那麼它就隨時隨地可以發現恐怖。貪婪或者狠毒使我們心如刀絞，可是，當我們把它歸咎於社會時，卻掩藏了一個更加鮮明的事實：它就是我們自己的惡！我總是被我自己包圍著。

然而，另一方面，正直卻是一種永久的勝利，它用寧靜而不是歡呼來慶祝自己的勝利，而寧靜，卻是一種固定的或者習慣性的歡樂。為了證實我們的真理和價值而投入事件的懷抱是可恥的。資本家並不是時時刻刻都在經紀人那裡，把自己的利益鑄造成流通中的貨幣，相反，他卻以在市場行情報告中聽到他的股票已經看漲為最大的樂趣。最好的事件以最好的秩序發生，這也是我所求的事情。我知道，我的地位時刻都在改變著，而且，已經在我所希望的事情中大顯身手，所以，我必須學會以一種更加純粹的方式來體會那種勝利的狂喜。在這個世界上，只能有一種東西可以制約這種發自內心的狂喜：對事物秩序的先見之明，因為，這種先見是如此的高明，以至於在它面前，我們的一切成功黯淡無光。

性格就是一切事物的中心

聰明的人既不考慮多數，也不考慮少數，自信是他們活動的源泉。

在我看來，自給自足是性格所顯露出來的最好面目。我敬重有錢人，因此，我認為他不會孤獨，不會貧窮，不會背井離鄉，不會鬱鬱寡歡，不會是一個普通的顧客……總而言之，他是一個永恆的主顧，一個永遠的恩主和幸福的人。

性格就是一切事物的中心，不可替代，不能推翻。一個人應當給人一種穩重感。社會是輕浮的，它把歲月撕成碎片，把會話變成了禮儀和消遣。

在我看來，如果一個人給我一些小恩小惠和獻一些小的殷勤，我會認為他在怠慢我。我寧肯希望他自己站在原來的位置上，讓我去慢慢地領會他。這樣我就知道，對我們倆來說，這都是令人歡欣鼓舞的事情。他不會全然接受一些因襲的觀點和做法，他的這種不順從是對社會和他人的一種提醒和刺激，每一個探詢者都首先要面對他。

我們的周圍迴響著歡樂的笑聲和閒言碎語，但它們沒有意義。而那些看似粗野、格格不入的人也許會對社會造成問題和威脅，社會因此不會輕易地放過他們，對他們要麼崇拜，要麼憎惡——各個層次的人，輿論領袖也好，無名之輩也罷，都覺得與他有關係——他對社會有幫助，他使歐洲和美洲受到人們的責備，並且消滅了懷疑主義——懷疑主義說：「人就是一個玩偶，我們所能做得最好的事情就是吃喝玩樂。」

有些人只會順從現有體制，討得公眾歡心。這種人信念不堅定，頭腦不清楚，他們只有等一座房子建成以後，才明白它原來的設計。而聰明的人卻既不考慮多數，也不考慮少數，自信是他們活動的源泉。

我們的行為應當完全從我們的實際情況和現有條件出發。大自然沒有估價錯誤的時候，一磅水的重力在海洋的狂風暴雨中並不比在一個池塘裡大。世間萬物完全按照它們的性質運作，它們不做超出自己能力之外的事，只有人除外。人往往裝腔作勢，他總是企圖嘗試力不從心的事情。我曾在一本英國人的回憶錄中讀到：「福克斯先生（後來的荷蘭勛爵）說，它一定要有財政部，因為他已經為它做了夠多的服務了，所以他想要它。」

瑟諾芬和他的「萬人軍」完全能勝任他們嘗試的事業，所以人們從不懷疑那是一件史無前例的豐功偉績。直到現在，它的高水準還是軍事史上無法超越的。自那以後，嘗試者不乏其人，但是都心有餘而力不足。

任何行動的力量都來自現實的實際情況。我認識一個和藹可親、有所建樹的人，他正在進行一項改革，但是我從來沒有在他身上發現他所嘗試的那種愛的膽識。他靠道聽途說和從書本中獲得的感悟來進行這項改革。他所做的一切都是試探性的，像一座搬到田野的城市，而且仍然是那座城市，沒有新的事實和東西，所以無法激發出熱情來。如果他的尷尬是因為身上有一種潛在的力量或者不為人知的天才，那麼我們還可以拭目以待。

智慧看見了邪惡和補救的方法，然而這是不夠的，它僅僅是一個思想，不是一種激勵我們的精神，它不會幫助我們直接去占領我們應得的陣地。

愛是無窮無盡的…………………………

我們看一個人是否慈善，不是看他捐贈給慈善機構和救濟團體的物品的數量，而是應該去尋找其他的識別辦法，因為，那些可以列舉出來的，不過是一些基礎的功勞。

我們不喜歡僅僅靠看得見的成果去衡量仁慈和愛。愛是無窮無盡的，愛是永不停止的，愛是穿越時空的……即使莊園荒蕪了，糧倉坍塌了，愛仍然讓人們感到欣喜、感到富足。其實，即使是在睡覺的時候，人類也在淨化著空氣，他的房屋也在美化著風景，增強著法制。

人們是會承認、並且一直在承認著這種區別。我們看一個人是否慈善，不是看他捐贈給慈善機構和救濟團體的物品的數量，而是應該去尋找其他的識別辦法，因為，那些可以列舉出來的，不過是一些基礎的功勞。當你的朋友誇獎你把什麼事情做得很好時，你可能會感到害怕；可是，如果他們站著，流露出猶豫不定的目光，臉上的神情，半是尊敬、半是不滿，並且，他們表示，一定要等到多年以後再把他們的看法告訴你，這樣，你或許會踏實點，對他們心存希望。

在那些立足於現在的人看來，立足於未來的人總是自私的，他們是好心人裡默爾筆下的小丑。在回憶歌德的文章中，裡默爾羅列了一張關於歌德的捐贈情況詳細清單：多少錢給了施蒂林，多少給了黑格爾，多少給了蒂施拜因，替福斯教授找了一個好的差使，為赫得爾在大公爵手下謀了一個職位，為邁爾爭取到一筆年金，把兩位教授推薦給國外的大學……

最長的救濟金明細單看上去也是如此的簡短。如果這樣去衡量人類，那麼，人類將是一種多麼可憐的動物啊。因為這些都是一些例外的事情，而一個好人所遵守的規矩和他的現世生活本身就是一種善行。一位眼明心亮的人，可以從他向愛可曼博士描述的花錢方式中看到歌德真正的慈善舉動：「我的每一句妙語都可以值一袋黃金。我自己的金錢，我繼承的財產，我的薪水，我五十年寫作的大量收入，有一半都用在教授我所掌握的知識上了。」諸如此類的話，我們可以在他的文章和談話中找到很多。

必須承認，羅列這種簡單而迅速的力量的特點不僅是徒勞無益的，而且簡直就是無稽之談，就像用碳筆去畫閃電一樣。除了這種力量本身，任何東西都不能模仿它。一句熱情的、發自內心的話會使我富有。一受到這樣的話指點，我就會順從生命的指引。在這種生命之火面前，文學的天才是多麼的蒼白無力啊。這些就是振奮我沉重的靈魂的東西，它們還能把刺穿天性黑暗的眼睛賦予我的靈魂。我發現，我在哪裡覺得自己貧困，就在哪裡發現自己最富有。從而，情況往往是這樣的：只要有一種新的智力張揚，伴之而來的就是某種新的性格的責難。吸引和排斥就是這樣奇怪的交織在一起！性格排斥智力，卻又激發它：性格進入思想，被表現出來，然後又在道德價值耀眼的光亮面前感到自慚形穢！

性格是最高形式的天性

性格是最高形式的天性，模仿它或者抵抗它都是徒勞的。

只有在大自然插手的地方，這種傑作才最為出色。小心，將來注定會大有作為的人，將會在陰暗處滑入生命的軌道。雅典沒有一千隻眼睛，但它注視並炫耀青年天才的每一種新思想、每一種使人感到臉紅的感情。

近來有兩個人——偉大的上帝的兩個孩子——帶給了我思考的契機。當我試著探索他們神性的來源和他們想像的魅力時，他們每一個都這樣回答：「沒有什麼奇特的，主要是由於我的不順從。我從來沒有聆聽過你們這些人的法則，或者說，我從來沒有在他們稱之為他們的信條的東西上浪費我的時間。我滿足並信守自己的法則，雖然它們簡陋而貧困，我也因此感到很甜蜜，在我的工作中，從來就沒有發生過像你想像的那種情況——那種情況與它無緣。」大自然在那種人身上替我宣揚：在民主的美國，她不會被民主化，她與市場和醜聞徹底隔絕！

就是在今天早上，我才把林神的一些野花，一些美麗的野花送走。對文學來說，它們是一種很好的調劑——它們都是從思想和感情的泉源，深處吹來的一縷縷清澈的風，就好像我們在一個注重優雅和評論的時代，讀了一個民族最初的幾行散文和詩歌一樣。對他們鍾愛的作品，他們是怎樣的入迷啊！不管是埃斯庫羅斯、但丁、莎士比亞的作品，他們都感到那些作品和他們利害攸關，誰觸動了那些書，就等於是觸動了他們——尤其是觸動了評論家們徹底的孤獨感。因為，他從來就沒有想到過，除了他之外，還有人在讀這種作品。但願他們能繼續自己的美夢，像天使一樣，不會在一覺醒來之後無聊地比較，繼續受別人的恭維的侵蝕！

然而，有些評論家的天性十分健全，是不會被捧殺的。思想的血脈在哪裡深入深沉的地方，虛榮就不會在那裡造成危險。謹慎的朋友會告誡他們：被吹噓過度，會有被沖昏頭腦的危險。然而，他們只是一笑置之。我記得一位神學博士好心地規勸一位雄辯的衛理公會教徒，這位教徒卻對這好心的規勸表示了憤怒——「我的朋友，一個人不能受到讚揚，也不能遭受侮辱。」然而原諒這些好心的忠告吧，它們是那樣的天經地義。我記得一些有頭腦的外國宗教界人士來美國時，我想到問題的是：你們被帶到這裡來，是否上當了？——或者，在回答這個問題之前，先回答這樣一個問題：「你會不會上當？」

空間塑造性格

性格需要空間，它不可以遭受人們的擁擠，也不能從繁忙的事務或幾個場合所獲得的隻字片語和管窺之見判斷，就像一座龐大的建築物，想看清楚它，就必須從遠處、高處觀看，它需要遠景。

就像我說的一樣，大自然親手掌握著一些權力。

不管我們的布道和戒律怎樣冒失地分配榮譽，怎樣宣揚法律來塑造公民，大自然依然我行我素，使那些最有智慧的人蒙受冤屈。她從來就不遵守世俗的信條，且總是蔑視那些先知，就像一個能拿出很多東西、但對哪一種東西都沒有過多的時間去花費的人一樣。

有一類人——其中的個人每隔很長一段時間才會出現，他們具有非凡的遠見卓識和美德，人們一致對他們奉若神明，似乎他們身上積聚了我們所看重的那種力量。

神聖的人物具有天生的性格，或者，借用拿破崙的一句話來說：他們是有組織的勝利。人們往往對他們懷有惡意，因為他們標新立異。大自然從來不使它的孩子們完全相同，也從來不把兩個人創造得一模一樣。當我們看見一個偉大人物時，我們便想著他與歷史上的某個人物相似，還藉此預言他的性格和命運結局，但我們的一切預言都不過是自娛自樂罷了，他肯定會讓我們的預言落空，因為，就像我在上面說過的那樣，大自然從來不會讓兩個人一模一樣。

除非按照我們每個人所獨有的方式行事，也就是說，每個人都使自己成為自己，那麼，按照我們的偏見，誰也不會解決自己的性格問題。性格需要空間，它不可以遭受人們的擁擠，也不能從繁忙的事務或幾個場合所獲得的隻字片語和管窺之見判斷，就像一座龐大的建築物，想看清楚它，就必須從遠處、高處觀看，它需要遠景。

相信和崇拜偉人

如果我不相信歷史上最好的事情，我就會覺得自己和同事格格不入，找不到認同感。

我把雕刻看作歷史。我不認為阿波羅和喬武不可能有血有肉。藝術家用石頭所記載和表現的每一個特點，他在生活中早就看見了，而且比他用石頭模仿的還要好。

雖然我們看見了很多假冒的東西，但是，我們天生就相信和崇拜偉人。我們很容易就在古老的書上讀到了創始者最細小的行動，因為，那時候人類數目渺渺。我們需要有一個人在風景中顯得非常高大，因為，只有這樣，才值得我們把他記載下來，這樣他就會站起來，準備行動，並很快獲得成功。

最能讓我們相信這一點的，是圖畫上的那些人物，他們高大威嚴，先聲奪人，使人立刻感到心悅誠服。波斯人告訴我們，當那位尤那尼聖人到達巴而赫時，古什塔斯普指定某一天，每個國家的首領都集合起來，他們專門為這位尤那尼聖人擺了一把金椅子。後來先知塞爾圖什特走進了會場，那位尤那尼聖人一看見這位頭目，就說：「這種樣子，這種氣勢，不會有假，從那裡只能產生真理，沒有別的。」柏拉圖說，「不可能不相信諸神的後代子孫，儘管他們的話中沒有可能性很大的或者必不可少的論據。」

如果我不相信歷史上最好的事情，我就會覺得自己和同事格格不入，找不到認同感。彌爾頓說：「約翰·布拉得肖儼然是個執政官，權利之棒不會隨著歲月的流逝從他手中離開，因此，不但在法庭上，而且在他整個的一生中，你都會覺得他在審判國王。」

我發現，如果一個人能夠像中國人所說那樣——知天的話，就能夠比庸眾更為清楚和可靠地了解世事百態，因為他是先知先覺。「君子……質疑鬼神而無疑，百世以俟聖人而不惑。質諸鬼神而無疑，知天也。百世以俟聖人而不惑，知人也。是故君子動而世為天下道。」

性格的力量和光芒

我們行色匆匆，焦慮而又急躁，看上去十分愚蠢可笑。現在，我們需要的是停下來鎮定地想一想，然後用大腦和智慧去壯大時機賦予的力量。在所有高尚的關係中，時機就是一切，就是所有。

沒有必要去尋章摘句，在紙堆中找尋遠古的例子。一個人的經驗，如果沒有使他像明白化學的實在和力量那樣，明白這種魔法的實在和力量，那麼，這個人的觀察力一定是非常遲鈍的。

就連那些最冷靜的和最因循守舊的人，一出門也會不可避免地遇到一些莫名其妙的影響。一個人牢牢地盯著他，記憶就會把埋葬在其中的事情交代出來，那使他進退兩難的祕密，那無論是保守還是泄露，都會使他處境可悲的祕密，一定要泄露出來。還有另外一個人，他無法說話，他身上的軟骨似乎喪失了功能。可是，來了一位朋友，卻給他增加了優雅、膽識和雄辯的氣質。還有一些人，他除了對他們牢記在心之外，別無選擇，因為他們拓寬和擴張了他的思想，在他的心中點燃了另一個生命。

當這些嚴格而又和睦的關係根深蒂固地生長出來時，還有什麼比它們更美好呢？懷疑主義者懷疑人的力量和內涵，而人們之間這種快樂交流的可能性是對這種人的最好回答，因為這種快樂交流的可能性造就了一切有理性的人的信仰和實踐。除了深刻美好的人與人之間的交流和理解，我不知道生命中還有什麼能夠更令人滿意。經過多次的相互關照交流，這種理解就能夠在兩個高尚的人之間存在下來，他們兩個既相信自己，又相信對方，那是一種幸福，它讓其他的滿足都置於次要的地位，使政治、商業、教會都在它面前遜色，不值一文。因為，如果人們都能像他們那樣相遇、相知的話，那麼，每個人都是恩主、明星，有思想，有行動，有才華，那麼，那就應該是大自然的節日了。

異性之間的愛是這種友誼的首要表現，就像別的一切都是愛的表現一樣。我們曾經把這些人們中美好的關係看成是青年的傳奇，但在性格的進步當中，它們變成了實實在在的幸福！

如果有可能跟人們在正常的人際關係中生活，那該是一件多麼令人滿意的事情。要是我們能不向他們要任何東西，不求他們讚揚、幫助、憐憫，而滿足於讓他們享受最古老的法則的好處，那該多好！難道我們不能按照不成文的法則對待幾個人或者對待一個人，並實施一下這些法則的功效？難道我們不能對我們的朋友表示誠摯、沉默或者適度的讚美？難道我們非要如此迫不及待地追求他嗎？如果我們有緣分，我們一定會相會的。古代的神話就說，外形的改變不會讓一個神瞞過另外一個神。希臘人有這麼一句詩：

諸神不會彼此不知道對方。

朋友之間的關係也被這種神聖的必然的規律所支配，他們彼此被對方吸引，而不是正好相反——

如果他們彼此迴避，
實際彼此最為歡喜。

他們的關係不是人為地製造出來的，而是被一定的規律所允許和決定的。諸神最好親自坐在我們的奧林帕斯山上，而不是讓管家來代替自己，並且盡可能按照神聖的資歷排好座次和席位。

如果一定要費盡心思，歷經磨難，如果朋友們非要走一英里的路程之後才能相見，那麼社會就沒有希望了。而如果它不是社會，那它就一定是一種墮落的、無恥的、有害的喧鬧了，儘管這種喧鬧是由一些菁英們造成的。在這種喧鬧中，每一個人的偉大之處都發揮不出來，每一種缺陷卻都在蠢蠢欲動，就好像奧林帕斯山上的神們相互交換鼻煙壺。

在生活中，我們往往草率行事。我們追逐一些飄忽的、不切實際的計畫，或者我們受一些恐懼或者命令的驅使而不斷向前。假如我們遇見一位朋友，我們也許就會停下來。我們行色匆匆，焦慮而又急躁，看上去十分愚蠢可笑。現在，我們需要的是停下來鎮定地想一想，然後用大腦和智慧去壯大時機賦予的力量。在所有高尚的關係中，時機就是一切，就是所有。

一個神聖的人本身就是思想的預言，一個朋友就是感情的希望和寄託。一切力量都是這種道德力量的影子或者象徵。詩歌歡快而有力，因為它從那裡汲取了靈感。人們把力量的名字寫在世界上，因為他們充滿了這種力量。

歷史一直是卑鄙無恥的；國家只不過是一些烏合之眾；我們從來沒有看見過這樣一個神聖的人，那種神聖的形體我們還沒有見到過，我們所知道的只不過是對這種神聖的人的嚮往和預言；我們沒見過那種只屬於他的威嚴的儀態，這種儀態會使觀望者感到欣慰。

總有一天，我們將會看到最大的隱私成為最公開的力量，性格的力量和光芒在黑暗中行動，幫助和救護那些從來沒有看見過它的人們。已經出現的一切偉大的東西，就是這個過程的開始，是對我們的鼓舞。關於神們和聖徒們的歷史，世界早已記載下來，並且對它頂禮膜拜，這就是性格的文獻記錄。

各個時代都為這樣一個年輕人的態度感到驕傲：他不會把一切東西歸咎於命運，他被絞死在了祖國的刑場上，他純潔的天性讓一種史詩般的光芒照耀在他死亡的事實周圍，對人類的眼睛來說，這種光芒把每一個細節都變成了一種普遍的象徵。迄今為止，這種巨大的勝利是我們最重大的事實。但是思想需要一種對於人們感官的勝利，一種最終將會轉變法官、陪審團、士兵和國王的性格的力量，它將會主宰動物和礦物的能量，它將匯入體液、河流、風、星辰和道德力量。

如果我們不能一下子就取得顯赫的進步，至少，我們要向它表示敬意。在社會上，偉大的優點往往是作為重大的缺陷而賦予了一個人的，這就要求我們在對個人評估時，要更加小心謹慎。我的朋友們如果不能理解一種優秀的品格，沒有對它表示感激、欣賞，殷勤對待，我是不會原諒他們的。

最後，我們追求的東西來了，從遙遠的天國放射出快樂的光輝，照耀在我們每個人的身上，到那時，如果用粗俗、苛刻，用俗人的無聊和懷疑的態度對待那樣的一位貴賓，那麼就是一種要把天國拒之門外的庸俗了。當靈魂沒有了自知之明，也不知道它的忠誠、它的宗教在哪裡時，這就是混亂，就是真正的癲狂。在生命存在的浩瀚沙漠中，我們珍視的聖潔感情已經開成了一朵花，而且是為我而開，除了知道這一點，難道還有其他的什麼宗教嗎?假如沒有其他的人看見這朵花，只有我一個人看見了，我仍然知道這個事實的偉大。當花兒綻放時，我要安守我的安息日或神聖的時刻，暫時停止我的憂傷、愚蠢以及玩笑。

這位神聖的客人來到時，天性得以盡情地流露。有許多眼睛能夠看到並尊重那種細微的、平常的美德；有許多眼睛能在星光燦爛的軌道上發現天才，不過不用心的人是做不到的。

愛是忍受一切、迴避一切、啟發一切，它會對自己發誓：寧可在這個世界上當一個傻瓜或可憐的傢伙，也不屈就一些東西而去玷汙自己潔白的雙手，當這種愛來到我們的街頭和房屋時，只有純潔和有抱負的人才能辨別認識它，他們會占有這種愛，作為向它表示讚賞的唯一方式。

第五章　命運

自己選擇自己的道路

如果我們一定要接受一種不可抵禦的意旨作為我們的人生支柱，那麼，我們就最好自己開動思考的機器，自己選擇自己的道路。

幾年前的一個冬天，城市正在熱火朝天地討論關於時代的理論，各種理論紛紛出籠，人們討論得不亦樂乎。無獨有偶，就在那個時候，恰恰有那麼幾位名人正駐紮在波士頓或紐約，向那裡的公民們滔滔不絕地進行關於時代精神的說教。更為巧合的是，就是在這同一個季節中，有關這個主題的文字充滿了倫敦大大小小的出版物，簡直就是鋪天蓋地，從小冊子，到花樣繁多的報紙雜誌，都寫滿了這樣的文字。

然而，在這熱鬧的氛圍中，我卻感到了一絲寂寞。對我個人而言，這個有關時代的大問題卻轉化成了一個有關生活準則的實際問題：我將如何生活？從某種意義上來說，我們是無法解釋時代的。我們的幾何學無法丈量現代流行思想的軌道，不可能目睹它們的回歸，並調和它們之間你死我活的對峙。我們只能順從我們自己的感情流向。如果我們一定要接受一種不可抵禦的意旨作為我們的人生支柱，那麼，我們就最好自己開動思考的機器，自己選擇自己的道路。在我們為了使自己的願望得到滿足而邁出了第一步之後，我們就會面對我們無法克服的局限性。我們總是滿腔熱情、豪情萬里，熱切地期望和希冀改造人類，但是，經過了無數次的試驗之後，我們發現，我們必須從更早的時候開始，從學校開始！但是，那些處於懵懂之年的少年並不總是那麼俯首稱臣，我們無法將他們培育成人才。所以，我們還得從更早的地方著手，開始我們的改造——這個世界有它自己的命運，或者說，這個世界是在自己規律的主宰下運行發展的。

不過，如果冥冥之中真的有一隻上帝的手在指揮著世間的一切的話，那麼，這個無法抵禦的意旨一定理解自身。如果我們決定臣服於命運的宰割，那麼，我們也必須重申自由的意義，肯定個人的價值，發揚崇高的責任，讚美性格的偉大……既然這一點是真實的，那麼，另一點也必然是真實的。

可是，我們的幾何學卻無法抵達這些極點，不可能動搖它們，使它們妥協。那麼，我們應該怎麼辦呢？我們必須當機立斷。我認為，我們應該坦率一些，透過服從這兩種思想之中的任何一種，透過撫彈或者——假如你願意的話——重擊每一種琴弦，透過它們的迴響，我們就會逐漸地熟悉它們，從而最終了解它的威力。現在，讓我們回過頭來，在用同樣的途徑去服從、掌握另一種思想。這樣，我們就逐個認識、掌握了它們。這時候，我們就有理由相信或者希望，能夠讓它們和諧一致地運轉、行動。

我們深深地知道，儘管我們還沒有洞察，但現實告訴我們，自由與必然確實並行不悖，個人與世界相輔相成，而我個人的情感趨向，也正與時代的精神相吻合。時代這個謎語的謎底無窮無盡，每個人都可以給出自己的謎底。如果有誰想研究自己所身處的時代，那麼他必須採用這套方法，也就是說，輪番上陣，去涉獵、探索屬於我們人生系統的一個又一個的重要話題。而且，透過堅定地說明所有那些對於某一個人而言是愉悅適意的經歷，而與此同時，也公平對待在那些其他人看來是相反的事實，那麼真正的局限性就會水落石出。任何一種對於某種因素過分地強調都要矯正，要創造一種真正合理的平衡。

但是，還是讓我們坦率一些吧，讓我們大聲地說出那些事實吧。美國一向就有膚淺的名聲。那些偉大的人物，偉大的國度，從來就不是自吹自擂的傢伙和滑稽舞臺上的主角，而是那些對生活中的恐怖現象進行追蹤調查的觀察者。他們總是在恐怖的時刻挺身而出，鼓足勇氣，面對現實。斯巴達人本身就是他們國家宗教的化身，他們面對宗教的威嚴毫無疑忌，視死如歸。土耳其人相信，在他們降臨這個世界的瞬間，他們的厄運就已經鐫刻在那片鐵葉之上，然而，他們卻仍然矢志不渝地朝著敵人的騎兵猛衝。土耳其人、阿拉伯人、波斯人，他們都接受預先注定的命運。

就在這兩天，最好不必再逃離你的墳塋，
有一天並非末日，有一天則早已注定；
第一天，醫生或藥膏都無法拯救，
第二天，也絕非是宇宙將你誅戮。

在命運之鐵輪滾滾的碾壓之下，那些備受煎熬的印度人也同樣十分堅強。我們的上一代，那些嚴肅的加爾文主義者，也一樣展現著某種類似的尊嚴。他們感覺到宇宙的重負將他們牢牢地固定在他們的位置之上，他們又能怎麼辦呢？那些智慧明達的人察覺到有一些東西無法用空談和選舉而加以消除，它們像一條繩索或皮帶束縛著這個世界。

命運之神，人世間的主教，
處理著上帝所預示的一切禍福，
十分威嚴，
世人雖發誓違抗，
不論或是或非，
只要經過相當年月，仍然顯應，
千年之中難得重逢。
確實，我們在人世的嗜欲，
是戰是和，是愛是惜，
沒有一件不由上天守視。

——喬叟《武士的故事》

大自然的暴力

大自然並非多愁善感之輩，他並不像一位慈祥而軟弱的母親，總是寵養或嬌慣我們。他更多的是一位嚴厲的父親，努力地使我們睜開無知的眼睛，讓這個世界的野蠻和險惡赤裸裸地展現在面前。

那些野蠻的人常常對當地某一部落或城鎮的神靈頂禮膜拜。基督那恩澤遠播的道德，那寬宏大量的胸懷，在他們那裡，不久就轉化為狹隘自私的鄉村神學，以之鼓吹天神的偏袒和遴選。而且，也時不時地有一兩位像榮格．斯蒂林或羅伯特．亨廷頓的牧師，他們和藹可親，但是卻相信、傳播小恩小惠式的天道或神意。譬如說，每當有個落魄的善良之人需要一份免費的午餐，這種小打小鬧的天意就如期降臨，準時地敲響那個好人的大門，給他留下半個銀光閃閃的美元。

但是，我們應該記住，大自然並非多愁善感之輩，他並不像一位慈祥而軟弱的母親，總是寵養或嬌慣我們。他更多的像是一位嚴厲的父親，努力地使我們睜開無知的眼睛，讓這個世界的野蠻和險惡赤裸裸地展現在面前。它從來就不在乎擊斃一個男子或者女人，相反，它總是吞噬你的航船，就像吞沒一粒灰塵一樣。寒冷從來就不顧慮人類的溫暖問題，那不是它的責任，它的任務是刺痛你的血液，麻木你的雙腳，直至將你凍僵，猶如一顆僵硬的蘋果。疾病、暴風雨、命運、地球引力、閃電……這一切的一切，絕不尊重任何個體。上天的手段是殘酷暴烈的。猛蛇與蜘蛛的習性、老虎與其他嗜血如命狂撲亂跳類動物的猛咬、蟒蛇死命纏繞之下獵物筋斷骨裂的劈啪爆響——這一切，都存在於這個世界的系統之中，而我們的習慣，與牠們相比，也沒有什麼不同。

你剛剛享用過一頓有滋有味的午餐，而屠宰場雖然被人們小心翼翼而溫文爾雅地隱匿在幾英里之外的遠處，但這並沒有掩蓋事情的真相：你，這些食肉者，跟那些屠殺者一樣，或者，是他們的幫凶。這個世界上存在著的全都是一些窮奢極欲的動物種類，每一種種類的生存和發展都必須以另一種種類的犧牲和死亡為基礎。

我們的星球也不是一個安全搖籃。彗星上輕微的震盪和其他星球上的震動，都會影響到我們這個星球；同樣，他自身也是災難重重：地震、火山、氣候的變化、歲差的行進，都能把它劈開撕碎；還有，大自然和人類也不斷地在它身上製造麻煩：森林的過度開發導致江河乾涸，大海的海床發生變化，城鎮便紛紛倒塌，葬身海底。在里斯本，一場地震殺人如麻，而且，在它肆虐的威力之下，死亡身輕如燕。在拿坡里，上萬人在三年前短短的幾分鐘內就被壓成碎泥，而後消失得無影無蹤。大海上的壞血病，西非、巴拿馬嚴酷的氣候，都如鋼刀一般大肆屠戮著人類。西部平原在熱病和瘧疾之下瑟瑟發抖，朝不保夕。霍亂、天花對於某些部落而言猶如霜凍之於蟋蟀一樣，被證明是殺人於無形的致命的疾病——蟋蟀讓夏天熱鬧而喧嚷，而一夜之間的降溫就會令牠們死寂無聲。即使不去揭示那些與我們無關的危害，即使不去計算有多少種寄生蟲寄生在一隻蠶蛾的身上，即使不去搜尋腸道寄生蟲，或者纖毛蟲類海洋微生菌，即使不去說這些蟲類一代又一代生殖繁衍，究竟有多少代——根本就沒人可以數得清——單單是鯊魚的外形、以捕食其他動物為生的咽頜亞目魚、布滿尖利牙齒的海狼的上下顎、逆戟鯨的利器和其他潛藏在大海之中嗜血的鬥士……這一切就足以暗示出大自然內部的凶狠殘暴。

無論是凡夫俗子，還是達官貴人，我們都無法否認這一點：天道神意自有一條野蠻的、崎嶇的、難以預測的道路通達自己的目的地。企圖用虛幻的手段來美化和粉飾它，或者用一件乾淨的襯衣和神學院學生白色的領飾包裝這位令人畏懼的恩惠者，都徒勞無益，甚至作法自斃。

也許，你會這樣說：「威脅人類的災難不過是些例外罷了，所以，我們無須杞人憂天，每天都去思考和斟酌那些天翻地覆的災變。」是的，你說的是事實，然而，既然災難發生過一次，就有可能再次發生。而且，只要我們無法一勞永逸地躲避開這些打擊、屠戮，那麼，我們必然就會畏懼、敬畏它。

來源於祖先的命運

每個人從他們母親的子宮裡降生之時，天賦的大門就已在身後悄然關閉。就讓他倚重自己的雙手和雙腳吧！

不過，與其他那些時時刻刻都在覬覦著我們的威脅和那些總是悄悄地作用於我們的威力相比，這些打擊和暴力對我們的危害要遜色得多。命運是什麼呢？命運是目的對手段的犧牲。只要我們動心想一想，就會發現，動物園裡的那些供人觀賞的動物，或者博物館中那些暗示著力量和形式的化石脊椎，都是一部部命運之書：鳥的喙，蛇的顱骨，都粗暴地決定了牠們各自的命運和局限性。動物種類的大小、氣質的等級也是如此；性別、氣候以及才能的副作用——它抑制了在某些方面所具有的活力——也同樣如此。每一種精神都建造它自己的房屋，可是，隨著那房屋的完備，精神便成為其中的囚徒。

即使是那些愚蠢遲鈍的人，也能夠對粗俗的線條加以品評：出租馬車的車夫就是最高明的現代骨相學家，他緊盯著你的臉龐，心中盤算著他的先令是否能穩穩到手：凸起的眉毛是一種表示；便便的大腹又是另一種象徵；一次斜視、一個獅子鼻、頭髮的簇叢、表皮的色澤，它們都能顯示性格……人們似乎被深深地囚禁在堅硬的組織結構之中。你盡可以去諮詢施普茨海姆，也可以去問問凱特萊，你還可以去問問那些形形色色的醫生，問他們，氣質是否並不決定什麼東西，或者反過來問也一樣，就是：這個世界上有什麼東西是氣質不能決定的？關於氣質，在醫學書籍中有四種主要的描述，我真誠地建議你去讀一讀，我相信，你會受益匪淺的，你會認為你是在閱讀一些你從未接觸過的真正思想。

為什麼不看看人們的眼睛呢？如果你注意了這個問題，那麼你一定會發現，那些黑眼睛和藍眼睛在人群中所扮演的角色是多麼的不同。是啊，一個人怎麼能夠從祖先的家園中抽身而出呢？或者，他怎麼能夠把他從母親和父親那裡汲取來的滴滴精血從自己的血脈中洗滌乾淨呢？在一個家庭中，前輩所具有的一切素養，似乎都被分門別類地裝在罐子裡儲存起來了——有一些素養，毫無疑問，一定會遺傳給家族中的每一位子女；有時候，某種比較純粹的氣質，或者是某種桀驁不馴無法淡化的本性，某種家庭的惡德，會被家庭中某一個個體變本加厲地繼承，而其他的家庭成員則因此而得到赦免。

有時候，我們會發現，我們之中，某一位夥伴的表情有所變化，然後，我們就會說，他的母親或者他的父親——偶爾，也許是他的一位遠房親戚——在他的眼睛裡出現了，或者，簡直就要從他的眼睛中衝出來了。在人一生不同的時間中，一個人分別代表著他不同的祖先，彷彿在一個人的皮膚裡都湧動著七八個他人，最起碼，是七八個祖先。而就是他們，為他嶄新的生活樂章奠定了各式各樣的基調。如果你在街道的角落中仔細地觀察每一位過路人，你就會從他們顏面的角度、氣色和眼睛的深淺中判斷出他們的可能性。對了，是他們的祖先——尤其是父母們——決定了這種可能性。要想回答人們的特性，我們只能回到他們的祖先那裡，也就是說，從他們的父母那裡尋找問題的答案。你看，這位工程師不就是這樣要求詩歌的？還有，那一位零工不也是這樣看待化學的一次新發現？你可以叫一位挖掘溝渠的工人解釋一下牛頓的定律，然而，從父親到兒子，一百年來的過度勞累和窮苦貧困，已經使他們精妙的大腦器官萎縮……每個人從他們母親的子宮裡降生之時，天賦的大門就已在身後悄然關閉。就讓他倚重自己的雙手和雙腳吧！畢竟，他只有一雙。與此同理，他也只有一個未來，而且，這唯一的未來早就在他的腦中預先確定了。還在孩提時代的時候，在他那小小胖胖的臉蛋上、狹小而凹陷的眼睛裡和蹲伏的姿勢上，他的未來就已經以一種微妙的形式顯示出來了。塵世間的一切特權、一切立法，都無法改變人生，都無法幫助或干預他成為一位詩人或是一位王子。

命運，天性使然

在人們出生之時，造化就已經決定了，有的人偏重於精神，而另一些人則偏重於物質。

耶穌基督說：「當他盯著她看的時候，這人就已經與她犯姦淫了。」不過，準確的說法是，早在他看到那婦女之前，這人就已經是姦淫者了，因為，在他的天性中有過多的獸性和思想的缺陷。無論是誰在大街上遇見他或她，都會看出他們早就成熟得足以成為相互間的犧牲品了。

在某些人身上，事情以一種相互悖反的方式運行著：他的消化力和性慾像烈火一樣旺盛，而越是這樣，那個個人也就越發的衰弱。他們用自己的消亡為世界增添活力，也就是說這些「雄蜂」消亡得越多，那蜂巢也就越是興旺。如果從他們那裡有某個優秀的個人異軍突起，那麼，他們也有足夠的力量武裝他：賦予這頭野獸嶄新的目標和達到目標的整套裝備。這個時候，他們就欣然地功成身退了。大多數生活在一起的男人和女人，不過是又一對同類聚集在一起罷了。

在人的大腦中，時不時地會有一個新的細胞或者密室悄然開啟，從而，一個個的訣竅，音樂的、建築的、語言的，油然而生，或者，某些已經迷失的趣味和才能又重新歸來，譬如欣賞鮮花、研究化學、辨別材料、敘述故事、舞文弄墨、馳騁舞場，或是具有一副強健的體魄去周遊世界……

雖然，這些技能絕不會改變一個人在自然標尺上的等級，然而，卻會讓他的生活豐富起來，讓時光不再寂寞無聊，儘管在感覺中生命依然如故。最後，這些暗示和趨勢會凝聚於某個方面或某個系列之中。每一個都八仙過海，各顯神通，盡量地吸收食品和力量，讓自己成長為一個新的中心。然而，新的才能卻迅速地汲取活力，速度之快如雷霆閃電，以至於不再為那些獸性功能留下足夠的精氣，甚至於不足以維持人體的健康。如果同樣的天賦又在第二代身上出現，那麼，健康必然地日漸萎縮，生殖的能力也與日俱損。

在人們出生之時，造化就已經決定了，有的人偏重於精神，而另一些人則偏重於物質——在那些同母異父的兄弟身上，這種背道而馳的目的特別地引人注目。而且，我認為，如果我們用高倍放大鏡觀察的話，在胚胎期，我們就可以辨別出弗勞恩霍法先生或卡彭特博士的黨派：這一位是輝格黨人，那一位屬於自由土地派。

印度人說道：「命運無非是前世的所作所為。」謝林有一句更加大膽的陳述：「在每一個人身上都有著某種感覺，之所以如此，是因為他永生永世皆如此，而絕非是現時如此。」說得通俗一些，就是在個人的歷史中，所有的敘述從來就只是關於他個人的敘述，他清楚他自己不過是他現世生活狀態的參與者。東西方思維中的這種極端的巧合，不過向我們說明了這樣一個事實：人們曾富有詩意地試圖舉起這座命運之山，試圖將這種源於種類局限性的專制特徵與自由意志加以調和。

強大而有力的思想

那些最強大而有力的思想，總是儲存在大多數人的身上，而且，總是在那些最健康強壯的人和最剛健有為的民族身上找到自己的化身。

政治大多與生理息息相關。時不時地，會有一位富豪，他青春勃發，信奉給人最大自由的信條。在英國，這似乎成了一條的規律，那些交際廣泛的大富豪，在他們年輕力壯的時候，總是牢牢地站在進步陣線那裡，然而，一旦行將就木，他們就會停止前進的把戲，召喚所有的人馬，扼殺那些前進的人們，從而成為可惡的保守主義者。所有的保守主義分子並不是在他們的暮年特別地喜歡這樣，我們說，他們之所以這樣，完全是因為他們個人的缺陷。他們為自己的身分和本性所拘禁，在這種無形的拘禁中，他們的意志和戰鬥力逐漸地消失殆盡。他們因世襲的奢侈而生來就是生活中的殘疾者，是可憐的跛子和盲人，他們只能像老弱病殘者一樣，消極地抵禦著人生的風風雨雨。

那些最強大而有力的思想，總是儲存在大多數人的身上，而且，總是在那些最健康強壯的人和最剛健有為的民族身上找到自己的化身。選舉也許是依據著常衡制來進行的。假如你能夠在某個城鎮中隨意挑選出一百位輝格黨人和一百位民主黨人，讓他們走過乾草磅秤，用迪爾伯恩發明的彈簧秤稱一稱他們體重，計量一下他們各自的噸數，或許，你就能確切地預言哪一個黨派可以贏得選舉。總而言之，這總算是決定選票的最佳方法，那就是把市政委員或市長和副市長們放到乾草磅秤上去。

環境的力量

自然之書是一部命運之書。它不停地翻動著巨大的紙張，一頁，一頁，又一頁，從不回轉。

如果我們從事的是科學工作，那麼，有兩件事情是無法忽略的，那就是：力量和環境！從每一次相互關聯的發現之中，我們所了解的有關雞蛋的一切就是另一個氣泡。即使五百年之後，那些未來的觀察者更敏銳了，或者，他們的顯微鏡更加精密了，但他們也只能在他們所觀察的那個雞蛋中發現另一個氣泡。

在動物和植物的組織之中，情況就是如此：初級的力量就是新的氣泡……奧肯曾認為，一個處於新的環境中的氣泡，一個生存在黑暗中的氣泡，就成為動物；而如果它生存在光明之中，那麼就會成為植物。生存在動物的母體之中，氣泡要經受千變萬化，這些變化最終會揭示出那些一成不變的氣泡中所包含的神奇的能力。如果這樣，那麼，這氣泡也就會對魚、對鳥，或者是對四足動物的頭、腳、眼、爪開啟自身，就像無所不能的魔法師向觀眾打開他的工具箱。

環境的另一個名字就是本性，而本性，就是你所能做的一切。有許多事情是我們無法企及的，因為，有兩種東西時刻環繞著我們：環境和生命。過去，我們認為，一旦我們進行思考，那麼，正面的力量就是一切。現在，我們聰明多了，我們知道，反面的力量，或者說環境，也占了一半的力量。本性是殘酷暴虐的環境，是遲鈍的大腦、暗藏的毒蛇猛獸、岩石般沉重的顎骨；它是無法避免的活動，是暴力的趨向；它是一種工具的限定性條件——譬如火車頭，在它熟悉的軌道上，它馬力十足，效用強勁，可是，一旦脫離了它所熟知的軌道，就只能帶來無邊的災難。又譬如雪橇，它既是冰雪之上翱翔的翅膀，也是地面上囚禁生命的枷鎖。

自然之書是一部命運之書。它不停地翻動著巨大的紙張，一頁，一頁，又一頁，從不回轉。它放下一頁，那是一片花崗石岩層；隨後，一千年眨眼之間就隨風而逝了，這就是說，又一頁自然之書翻過去了，那就是一片板石石床；再過上一千年，那會成為一層煤炭；再過上一千年，那就是一片泥灰和泥土：植物的形狀開始出現了。

它展示的第一批動物形象醜陋，面目猙獰：植物形動物、三葉蟲類和魚；隨後登臺亮相的，就是那些蜥蜴類動物了——那都是些原始粗糙的物種，在牠們的身上，它只畫出了它未來雕像大致的輪廓，同時，它也把它未來君主美妙絕倫的形象隱藏在這些沉重的怪獸之下。

滄海桑田，大地陸沉。行星的表面逐漸冷卻，逐漸乾燥。物種不斷改良、進化，終於，人類呱呱墜地了，混沌的大地也終於睜開了混沌的眼睛。然而，一旦一種種類的生命達到了極限，它就從這個舞臺上永遠地消失了，永不回歸。

世界上所有的東西都不是盡善盡美的，因為，它們總是在一定條件的限制下發生、發展的，但是，它們卻是現在可以生存的最好的東西。部族的歷史也是一部等級史：某個部族總是勢如破竹，所向無敵，而另一個部族則垂頭喪氣，連連敗退。

我們欣賞、讚美自己家族中這一支系所展現的那種強健、好勝的習慣。我們總是在追隨著猶太人、印第安人和黑人。有許許多多的人費盡心機，決心消滅猶太人，但事實告訴我們，他們的所作所為都徒勞無功。看一看諾克斯（Robert Knox），這位作家告訴了我們多少難忘的真理啊，儘管他喋喋不休，語氣尖刻。看看他在《種族殘篇》

(*The Races of Men: a Fragment*) 中辛辣苦口的結論吧：「自然尊重純正的人種，而非雜種。」「每一個種族都有它自己的自然環境。」「將一塊殖民地同其種族分開，它就會日漸衰落，如同一棵被人忘卻的沙果樹一樣退化、衰敗。」

親愛的朋友們，你們看出這幅畫的色調了吧？德國和愛爾蘭的芸芸眾生，和黑人們一樣，在他們的命運中也有著大量的鳥糞。他們坐著船橫渡過大西洋，坐著馬車來到美國，為的是開溝挖渠，苦幹苦熬，使穀米便宜；隨後，他們就安靜地躺在平原上，只留下一塊塊青青的草地。

抑制的法則

行為者必受罪愆的責罰。你一定要用自己虔誠的心靈安撫一位無法安撫的天神。

抑制的法則——自然功能遭受破壞時所帶來的報應，對人類所造成的危害也毫不遜色。傷寒、霜凍、戰爭、自殺和衰竭的種族，也必須被看作是這個世界中可以預測的部分。它們不過是些從高山上滾落下來的卵石，不過是對我們的生活圍追堵截，從而限制、禁錮我們行動的痕跡。它們警告我們，那些我們說是偶然和意外的事件，跟我們有著多麼深廣的連繫，它們具有一種如同織布機和碾碎器一樣的機械性的精確性。

在這些洪水猛獸般的力量面前，我們顯得那麼勢單力薄，以至於我們抵擋它們的努力也顯得螳臂當車般荒唐可笑，彷彿面對著千百萬人的暴政，只有一個人提出抗議和批評。在風狂雨暴之時，我似乎看見人們落入波濤之中奮力掙扎，被滔天大浪沖得落花流水。他們只能無可奈何地瞟著對方嘆息著，無能為力。對他們來說，這明智的舉動：在這瘋狂的魔力之下，能夠獨自繼續漂浮下去，就已經算是不幸之中的大幸了。他們有權控制他們的目光，而除此之外，其餘的一切就只能聽天由命了。在這事實面前，在我們這個物種繁榮、鳥語花香的世界核心之地的現實面前，我們無法逃避，無法啞口無言。對生活的描述如果刪除了這些可憎可怕的事實，而只剩下一些美好的事物，那就無法保證真實性。一個人的力量正是透過一種必然性而聚集起來的。透過無數次的試驗，人們才逐漸地接觸到必然性的方方面面，從而最終掌握它那神祕的弧光。這時候，我們才向自由世界邁出了扎實的一步。

那種通常被我們稱為命運的因素，在我們的本性中貫穿始終，我們稱其為局限性。無論什麼限制著我們，只要它們壓抑了生命的萌芽、生長，我們就把它叫做命運。如果我們自身是野蠻殘暴的，那麼，命運也以一種野蠻殘暴得令人害怕的面貌現身。隨著我們逐漸地進化，變得文明、高尚起來，那些打擊、阻礙我們的處境也隨之變得文雅。如果我們擺脫了肉身的局限而進入了精神文化的境界，那麼，敵對勢力也同樣以精神的形態出現。在古印度的傳說中，毗濕奴曾經伴隨著摩耶夫人經歷過她所有向上變化的過程：從昆蟲到龍蝦，再從龍蝦到大象……無論她變成什麼動物，他都隨之變為那種動物的雄性形象，直到她最終變化成女人和女神，而他也就變成男人和男神。隨著靈魂的淨化，局限性也得到逐步地改善，然而，必然性的圓箍卻總是棲息在命運的最高之處。

當古代斯堪的納維亞天空中的神靈，再也無法用鋼鐵或大山的重壓束縛芬裡斯魔狼的時候——他既用嘴巴撕咬這一位天神，又用腳跟踢開那一位天神——他們就在他的腳脖子上綁上一條比蠶絲和蜘蛛網還要柔軟的鏈子，而這卻能以柔克剛，將他制伏：他越是掙扎，鏈子就纏得越緊。命運的圓箍也同樣的柔軟和堅牢。無論是白蘭地，是神酒，是神靈之液，是詩歌，是天才，都不能除掉這條柔軟的帶子。因為，如果我們賦予命運的是詩人在談到它們時總是虔誠地膜拜的那種崇高的意義，那麼，即使是思想本身也無法淩駕於命運之上：思想也無法逃脫命運之鏈的束縛，它只能按照永恆的法則，思想中所有的任性妄為和異想天開，都是和思想最基本的本質背道而馳的。

最後，在道德的世界裡，命運也遠遠高於思想。它猶如一位威嚴的守護神，要求人們用正義貫穿生命始終，而且，無論早晚，當正義感在你的生命中蕩然無存的時候，它總會致命地打擊你。命運的法則是公正的：有用的將自強不息，而有害的也終將沒落消失。希臘人說過：「行為者必受罪愆的責罰。你一定要用自己虔誠的心靈安撫一位無法安撫的天神。」威爾士也說過類似的話：「上帝本身不會對邪惡者實行善舉。」而西班牙的吟遊詩人則說道：「上帝也許會應允，但那畢竟只是暫時的事情。」

人類的悟性無法衝破局限性的牢籠，即使在它最後的最崇高的升騰之中，悟性本身和自由意志也只能是命運溫順的一分子。但是，我們卻不能因此而淺嘗輒止，得出籠統而膚淺的結論。相反，我們應該盡己所能，展現自然的限度或者本質的差別，同時，盡量一視同仁地對待其他的因素。

宇宙之靈長，萬物之精華

我們必須把命運尊崇為自然的歷史，可是，又絕不能把歷史僅僅局限為自然的歷史。

就這樣，我們在命運的河流中追溯著：在物質中，在心靈中，在道德中，在種族中，在階級的遲滯延緩中，同樣也在思想和性格之中……無論在什麼地方，它都是無法違抗的束縛與局限。然而，命運也有他自己的主人：局限性本身也為局限所限制。無論是從上面觀察還是從下面觀察，無論是從裡面觀察還是從外面觀察，它們自身不盡相同，因為，儘管命運無始無終、無窮無盡，力量——這個二元世界中另一方面的事實——也是無始無終、無窮無盡的。如果說命運追趕著力量，限制著力量，那麼力量也同樣伴隨著命運，反抗著命運。我們必須把命運尊崇為自然的歷史，可是，又絕不能把歷史僅僅局限為自然的歷史。

因為，我們必須追問：是誰在探究和評判著這個物質的世界呢？是什麼人在索求和回答著這個物質世界的問題呢？人並不屬於自然的範疇，並不像一個鋪位連接著另一個鋪位一樣，是其他自然物的孿生兄弟，或者，就像肚子必然連接著身體上的其他器官一樣，是自然這一鏈條上不可或缺的一環；人是一位抗爭宿命的對抗者，是宇宙極限的硬性聚合，是宇宙之靈長，萬物之精華。

他的存在，暴露了低劣於他的事物的關係：粗笨愚蠢、小頭狹腦、形似魚類、四足皆可當手用……這種四足獸的外貌粗陋不堪，尚未完全演化成二足動物，而且，他要獲得新的能力，就必須損失某些原有的也許是無法替代的能力。可是，在人類的身上，卻有著使行星爆炸、使行星成形的電光石火。在他的身上，可以發現行星與恆星的創造者。在他的一邊，是自然，是砂岩、花崗岩、岩礁、泥炭沼、森林、大海和海濱……而在他的另一邊，則是構成與溶解自然的思想和精神——在這裡，也只有在這裡，它們是並肩而立的上帝與惡魔、心靈與物質、國王與陰謀家……它們一起，在每個人的眼睛和大腦裡平靜地向前航行。

自由，是命運的一部分……………………

正是那些膽怯懦弱和心胸惡毒的人才把自己的過錯歸咎為天命。如果正確地利用命運，就應該淨化我們的行為，把它們提高到崇高的自然狀態。

人類也不能忽視自由意志的偉大作用。讓我們冒著自相矛盾的風險說「自由就是必然」吧！當然了，如果你願意，你完全可以向命運舉手投降，而後乖乖地站在命運的一邊，說：命運就是一切。可是，我們要說的卻是：人們的自由，就是命運的一部分，從必然王國向自由王國的進化，就是命運的歷史。

在靈魂中，選擇與行動的衝動就如噴薄的岩漿一樣奔騰不息。知識解放命運。只要一個人在思考，那麼，我們就可以說他是自由的。人們能夠睜開自己的眼睛觀察自己的命運，避開自己的命運，從而注視著另外一個更加有益的方向：現實就是另一種觀點！對人類而言，這是一件開天闢地的大事。從此，人類站立起來，開始了自己獨立的旅途，他和那些現實事物的關係變成了使用和支配的關係，而不再在它們面前卑躬屈膝，而且，這逐漸地成為生活的常態，成為不言自明的法則。就像神諭所說的一樣：「莫要注視自然，因為她的名字叫宿命。」過多地考慮那些局限性只會導致自卑。那些大談天數和命星之類的人，處在一個更為低下和危險的水準上，他們是在引火燒身，自己招惹自己所害怕的厄運。

我曾經談到過那些直覺敏銳而英雄輩出的民族，稱他們為自豪的命運信仰者。他們把自己和命運和諧地結合在一起，同心同德，每次遇到什麼不測的事變，都能忠實地諦聽天命，這樣，他們往往能夠遇難呈祥、逢凶化吉，在歲月的大道上順利前進。但是，當這一信條為弱者和懶惰者所持有之後，它就給人一種截然不同的印象。正是那些膽怯懦弱和心胸惡毒的人們才把自己的過錯歸咎為天命。如果正確地利用命運，就應該淨化我們的行為，把它們提高到崇高的自然狀態。自然是粗獷雄渾的，除了它自己，誰也無法戰勝它。那麼，就讓人類也變得如此粗獷偉岸吧！讓他虛幻的自以為是從胸中清除，以達到自然水準的風度和作為去顯示他命運主宰的地位。讓他意志堅定，彷彿他的意志是用地球引力的繩索固定在地球上的，所以堅定不可動搖。沒有任何力量，沒有任何說辭，沒有任何賄賂，可以說服他，收買他，壓迫他放棄自己的目的。一個人，應該在與江河湖海、樹木叢林或者崇山峻嶺相比時戰而勝之。他應該更加擅長流動和伸展，更加善於抵制這一切。

面對命運，最佳的利用方式就是教導人們培養不畏生死的浩然之氣。當你明白，自己是在命運天使的指引下生活時，你就應該毅然而然地去面對大海上的烈火，或者是朋友家裡的霍亂，或者是在夜幕掩護下來到你家裡的強盜，或者是你職責之途上的一切危險……如果你相信命運於你不利，那麼，起碼為了你自己的利益，去相信它吧！

因為，假如命運是如此的普及以至於無所不在，那麼，人類也就是它的一個組成部分。因而，可以以子之矛攻子之盾，用命運去對付命運。假如宇宙有那麼一些凶殘的不測因素在蠢蠢欲動，那麼，我們物質和精神的分子在抵抗它們時也同樣的毫不留情。這沒有什麼大驚小怪的，如果不是我們體內空氣的反作用力，我們就會被空氣壓扁。一支用薄薄的玻璃製成的玻璃管，如果同樣裝滿了海水，就能夠抵擋海洋翻江倒海的震盪。如果在打擊中威力無窮，那麼，反擊的力量也毫不遜色。

創造力改變命運

當人們的靈魂達到一定程度的自我意識時，它就能夠獲得一種清晰的感覺，從而產生一種無私的知識和動機。意志的一口氣息，能夠使整個靈魂的宇宙生機勃勃，而且能夠亙古不變地朝著正確和必然的方向吹拂。

不過，如上所言，用命運對付命運，只是一種戰術上的迴避和防禦，想在命運的海洋中如魚得水般的航行，那麼，還應該具有高貴的創造力。思想的光芒照亮了人生的黑暗之處，依仗著這思想之光的引導，我們逐漸步出奴役狀態，進入自由的天地。關於我們自己，我們可以恰如其分地評價道：我們從母親那裡出生，隨後，我們又在生活中再生，而且是多次的再生。一旦降臨人間，我們就被一連串的經歷所包圍，而我們就在從這包圍圈中突圍的時候獲得了新生。它們是多麼的重要啊，我們因為新的經歷而忘卻舊的經歷，也因此忘卻了關於七重天或九重天的神話。

生命的節日是偉大的一天，是嶄新的一天，是最重要的一天。在那一天，心靈的眼睛將會睜開，看到萬物有條不紊地統一在一起，看到宇宙間的法則無所不在——它會看到，存在的事物就是必然存在的事物，就是必然應該存在的事物，就是現存最好的事物。這種極致的幸福如聖靈一樣從天而降，將我們滋潤、浸染，而我們就能看見。它存在於我們的身上，可與其這樣說，還不如說我們存在於它的體內。如果空氣能夠到達我們的肺部，我們就能夠呼吸和生存，否則，我們只有死路一條。如果光明照亮了我們的眼睛，我們就能夠看見世間萬物，否則，我們就只好在黑暗中鬱鬱終生。而如果真理進入了我們的心靈，我們就會在瞬間生長壯大，達到和真理互相和諧的尺寸，彷彿我們長成了頂天立地的人，充斥於整個天地之間。我們就像法的樹立者。我們為自然而代言。我們推測。我們先知。

這種洞察力使我們在瞬間轉變為宇宙的精神——這種精神與天地萬物相對，也像與其他一切相對一樣與我們自身相對——的孿生兄弟，與它分享共同的利益和榮耀。一個在洞察力的燭照之下而發言的人，會斷定心靈所認為真實的東西就是真實的：由於心靈是不朽的，他就說：我是不朽的；由於心靈所向披靡、戰無不勝，他就說：我強大有力。

心靈不在我們之中，而是我們在心靈之中：它屬於創造者，而不屬於被創造者。一切事物都必將被心靈改造。它使用，而不為外力所使用。它超越那些分享著它的人們，又遠遠地離開那些無法分享它的人們，而那些無福分享它的人們，不過是一些牛羊一般的家畜。它源於自身，它自己就是自己的祖先，而非起始於前人或者更高尚智慧的人。它也不是來源於福音書、憲法、學院或者習俗。無論它在哪裡閃耀，自然就不再是侵入者；相反，所有的事物都在它之下留下一種如詩如畫的印象。

我們生存的這個世界，就像沒有笑聲的喜劇：全體的人類、利益、政府、歷史……所有的一切，都是一家玩具店裡的玩具模型。心靈並不高估個別的真理，它的對象是所有的真理。當一位智者的話語被引用時，我們會熱切地期待著聆聽他的每一種思想和每一個字詞。但是，就在他的面前，我們自己的心靈也會激盪不息，煥發出生生不息的活力。對我們自己的思想，我們要比對他的任何思想都更感興趣。猛然間，我們已經登堂入室，進入了一種威嚴的境界。正是這種境界，這種無我的狀態，這種對自我主義的鄙夷，這種法則的領域，在使我們聚精會神，心無旁騖。過去，我們曾朝著這邊邁出一小步，又朝著那邊邁出一小步，現在，我們彷彿置身於氣球之中，我們並不過多地考慮我們的出發點和我們的目的地，而是思考著這條道路的自由。

智慧和力量是成正比的，你的智慧增加了多少，你的有機體就會獲得多大的力量。能夠洞悉意圖的人，一定能夠操縱這種意圖，而且，一定會立志去實現那些必須要實現的目標。雖說我們的思想不過只有一個小時的歷史，然而，它卻證明了一種最古老的必然性，即：神靈與思想不可分割，與意志不可分割，他們一定是同生死、共患難，共同指點著世間的一切。它使我們感受、目睹了它至高無上的權力與神性，而這些至高無上的權力和神性都拒絕與它分離。它並非是我的思想或你的思想：它是所有心靈的意志。它被傾注在所有的靈魂之中，並作為靈魂本身而使人成其為人。

我不知道在我們的大氣層的上方是否真的有一種永遠向西的氣流，就像人們說的那樣，承載著一切能夠飆升到那高度的原子。但是，我能夠清楚地看見：當人們的靈魂達到一定程度的自我意識時，它就能夠獲得一種清晰的感覺，從而產生一種無私的知識和動機。意志的一口氣息，能夠使整個靈魂的宇宙生機勃勃，而且能夠亙古不變地朝著正確和必然的方向吹拂。它是所有的智慧所吸入和呼出的空氣。它是那股把天地萬物吹入它們的順序和軌道的風。思想可以提高心靈，把它提高到一個萬物皆可塑造的領域，從而使物質的宇宙溶解流動。在兩個人之中，每一個人都遵循著自己的思想而行動，可是，思想深刻的那一位卻具有強而有力的性格，從而吸納、包容另一個。情況永遠如此：在一定的時間裡，一個人會比另一個人更能代表神聖的天道和意志。

精神與意識的力量

意志是自然中一樁嚴肅而又可怕的事情，同樣，如果社會缺少意志就會變得缺少骨氣，奴顏婢膝。

如果強烈的思想能夠產生自由的話，那麼，道德情感也同樣如此。精神上的變化過程是神祕莫測的，它繁複駁雜，因此，對它的任何分析都是徒勞的。但是，我們可以看出，對真理的感知是和對真理必勝的強烈渴望密不可分的。這樣一種強烈的感情對意志而言是不可或缺的。還有，每當一種堅強的意志出現的時候，它必定集結全身所有的器官達到某種統一的結果，使肉體和心靈的所有能量都朝著一個方向流動、匯聚。

所有偉大的力量都是真實的和本質的，堅強的意志是無法製造出來的，更不要說假裝了。如果一磅的重量要達到平衡，那麼，必然需要另一磅的重量。力量無法脫離浩瀚的宇宙之力的推動，不管它在意志的哪一個地方顯現。任何有限的意志都有可能被賄賂、降伏，然而，與宇宙整體目標心心相印卻是一種無限的力量，是無法被收買或屈服的。我們都有過道德情感的經歷，在這樣的情感漩渦面前，我們無法選擇，而只能求助於無限的力量。源於那心臟的每一次跳動都是上帝的誓約。如果「崇高」這個詞語不是向這位幼稚的孩子昭示一種可怕的力量，那麼我們就無法知道這個詞語的真實含義。任何一部英雄主義的教科書，任何一位勇敢者的名字，都不會是自由的論點，而只能是自由的警句。這其中最令人震撼的是波斯人哈菲茲的詩行：「它就寫在天堂的大門上，『他是多麼的不幸，竟然容忍命運背叛他自己！』」

難道閱讀歷史會讓我們變成宿命論者嗎？而在那些相反的意見中，流露出的是多麼巨大的勇氣啊！哪怕只是瞬間的衝動，渴望飛翔的自由意志就足以勇敢地與變化莫測的宇宙力量相抗衡。

然而，我們必須謹記，洞察力並不是意志，感情也不是意志。感知是冰冷的，至美的善也會在長久的渴望中凋零、枯萎，就像伏爾泰所說：「高尚的人若是懦夫，這是他們最大的不幸。」

意志的力量必須在感知和渴望的相互融合中才能成為可能。除非把人轉化為他自己的意志：使他成為意志，或者，使意志成為他，否則，我們絕不會找到任何其他的推動力。也許，人們可以勇敢地說：一個人如果不是已經感受到了真理的反作用力，從而已經做好了為真理而犧牲的準備的話，那麼他就不可能對任何真理有正確的感知。

意志是自然中一樁嚴肅而又可怕的事情，同樣，如果社會缺少意志就會變得缺少骨氣，奴顏婢膝。因此，這個世界才需要救星和宗教。有一條道路是真理普照的道路：只要看見了這條道路，英雄就義無反顧地朝著這個目標前進，而整個世界就在他的腳下化作根基和支柱。在旁觀者看來，他就是這個世界，是這個世界上最燦爛輝煌的太陽。如果他認可了你，那麼你就感覺自己置身於榮譽之中，而如果他反對你，那麼，沒有辦法，你只好陷在恥辱的泥淖中哀嘆時運不濟。他的眼光像陽光一樣威嚴有力。

請記住：當一個人的威信已經高高地樹立起來之後，在我們的記憶之中所閃現的就只有他所代表的光榮與尊嚴。這樣，我們就會自然而然地忘卻數目、金錢、氣候、地球引力和其餘的命運。

宿命的力量

命運專門指那些仍然沒有經過思想的火焰錘鍊的事實；專門指那些尚未被人們解密的道理。

如果我們知道局限性是人類成長的測量器，而非陷阱的話，我們就不會對它喋喋不休，怨恨有加了。面對著命運，我們就像父親房間裡的孩子一樣，面對著牆壁，日復一日、年復一年地刻下我們的身高，把自己的成長歷程刻寫在這無字碑上。但是，當這小男孩長大成人，他就會成為這個房間的主人，這個時候，那面在他孩童時代還是高不可攀的牆，就再也無法充當他成長的測量器了，因此，他就推倒那面牆壁，而自己樹立起一道更高的牆壁。這件事情早晚都要發生，至於何時發生，那只不過是一個時間問題而已。

每一位勇敢的青年人都在接受訓練，準備騎上和駕馭生活這條奔騰的巨龍。他所有的科學就是如何把那些熱切的期望和無邊的阻礙力錘鍊成威力無窮的武器和翅膀。現在，在命運和力量的陪伴之下，我們是否可以相信這一切是和諧地統一在一起的？一般而言，人類總是有兩個上帝。在這間房子裡，作為朋友和父母，在社會的圈子裡，在文學上，在藝術上，在愛情上，在宗教上……他們信仰一個上帝，接受著一種統治；但是在機械學方面，在對付蒸氣和氣候方面，在貿易方面，在政治方面……他們又認為他們處在另一種統治之下，所以又信奉另一個上帝。而且，他們還認為，把一個方面的處事方法和方式移用到另一個方面去，就會犯致命的現實性錯誤。而且，在生活中，這似乎也像家常便飯一樣平常：在家裡面十分善良、誠實和慷慨的人們，在交易所裡就會變成豺狼和狐狸！在客廳裡十分虔誠的人們，在投票站就會為上帝所拋棄的魔鬼投上一票。從某種意義上講，他們相信自己享受著一種天道神意的眷顧。但是，在一艘蒸汽船上，在一場流行病中，在戰爭裡，他們就會相信，這是一種撒旦的勢力在支配著生命。

我們還應該知道，關係和連繫並不是偶然的，並非局限於一時一地，而是到處都有關係存在。神聖的秩序不會在人類視力不可及的地方終止自己的使命，它依然生生不息，威力無邊。友好的力量在另一個農場、另一個星球按照同樣的定律發揮作用。不過，在那些人類還幼稚無知的地方，他們就會和命運對立、衝突，從而傷害他們自己。因此，我們可以總結說：命運專門指那些仍然沒有經過思想的火焰錘鍊的事實；專門指那些尚未被人們解密的道理。

智慧是命運的征服者

一個人必須對自己的缺陷心存敬意，而對自己的才能要敬畏有加。

然而，智慧的力量是無窮的，每一股噴瀉而出並且氣勢洶洶地要吞噬我們的混亂的濁流，在智慧的疏導下，就會成為有益的力量。我們說過，命運是尚未為人識破的道理。汪洋恣肆的海水不費吹灰之力就可以淹沒船隻和水手，就像淹沒一粒灰塵一樣。可是，一旦人類學會游泳，學會駕馭風帆，曾經淹沒人類和船隻的海水就會被他們劈開，它就會像載著自己的泡沫一樣負載著他們，宛如一葉羽毛為一種動力所運載。寒冷從來就不會體諒人們的涼熱，它穿透你的皮肉，刺痛你的血液。可是，一旦你學會了滑雪，那麼，它就會給你提供一種優雅、甜蜜和富有詩意的運動。寒冷能夠刺激你的四肢，振奮你的大腦，激勵你，鞭策你，促使你在成長的道路上飛奔，成為走在時代最前列的先鋒。

斑疹傷寒是最為肆虐的疾病之一，每年，死於它的人數遠遠超過了戰爭的屠殺。然而，只要掌握了正確的排液方法，就可以消滅斑疹傷寒。航海時，由於壞血病而導致的災難可以透過檸檬汁，和其他可以攜帶或者可以獲得的食品加以消弭。霍亂與天花引起的人口減少，已經由於排液和接種疫苗而告結束。而其他任何一種瘟疫也都同樣連接在因果的鏈條之上，只要我們破譯了其中的密碼，就可以擊退它們，馴服它們。每當我們用人工去抽取毒液，通常都能從被征服的敵人身上搶奪出某些有益的東西。任性的洪水在人的教育下轉變為聽話的僕人，為他們辛苦勞作；野獸可以成為人們的食品、衣服，或者用來進行勞動；化學爆炸已為人們所控制，人們對付爆炸，猶如擺弄鐘錶一般。這一切原先的洪水猛獸，現在都已成為人類騎乘的駿馬。人類以各式各樣的方式運動，以馬的腿，以風的翅膀，以蒸氣，以氣球的氣體，以電力……他踮起腳來，宣稱要憑藉自己的本領去獵取那隻雄鷹。他要使一切的一切都成為他的使役。

直到不久之前，蒸氣還是令我們驚恐不安的惡魔。任何一位壺匠或黃銅匠，在製作水壺的時候，都不得不在它的蓋子上留下一個釋放這個魔鬼的小孔，以免被激怒的它興風作浪，掀起水壺和屋頂，甚至將整幢房屋掀倒、摔碎。然而，沃塞斯特侯爵、瓦特和富爾頓卻認為：哪裡有動力，那裡就有上帝，而非惡魔。動力必須為人類所發現和利用，而絕不能白白地浪費掉。這頭惡魔能夠如此輕而易舉地把水壺、屋頂和房屋掀起來嗎？那它就正是他們所要尋找的大力士工人。他可以被利用去掀走、封鎖和強迫另外那些更加難以對付和危險的惡魔，譬如，大面積的泥土、高山、水的重量或阻力、機械以及世界上一切人們的勞動。他將延長時間，縮短空間。即使是迄今為止最為高級的蒸汽，現在也沒有產生過什麼不同的結果。就像俗語所說的那樣：眾口鑠金！大眾的輿論曾經是這個世界上最為令人害怕的事情。那些喜歡娛樂的民族曾經嘗試：要麼把它們驅散，要麼把它們羈押在重重社會階層之下——第一層是士兵，然後是領主，最上面是一位堂皇的國王。並且，用城堡、軍隊和警察的鎖鏈和鐐銬加以牽制、桎梏。

但是，有時候，宗教的原則會乘虛而入，進入其間，衝破這一切鐵與火的牢籠，並且把置於其上的每一座高山都撕裂。那些政治上的富爾頓們和瓦特們相信統一性。他們早就看出來了，看出大眾的輿論是一種巨大的動力。透過滿足這種動力，透過對社會進行一種不同的安排——把它集合在一個相同的層次上，而不是把它堆積起來形成一座山；他們努力地因勢利導，使那件可怕的事情變成一個國家的最無害處和最有生氣的形式。

我樂於承認，對命運絮絮叨叨地進行說教是非常討厭的。又有誰願意讓一位衣冠楚楚、文質彬彬的顱相學家來對他的命運下結論呢？又有誰願意相信：在他的頭顱、脊椎和骨盆裡，早就種下了撒克遜或凱爾特民族所特有的惡德呢？他曾經對自己寄予多高的期望啊，他曾經篤信廣闊天地，大有作為，可是現在，這些惡德卻斷言，他不過是一頭自私自利、大吹大擂、奴顏婢膝、膽小怕事的動物。一位淵博的醫生曾經告訴我，對於拿坡里人，這一事實也毫不例外：當他們長大成人之後，就會變成地道地道的無賴。這雖然有些誇張，但也說得過去。

但是，這一切不過是倉庫和軍械庫。一個人必須對自己的缺陷心存敬意，而對自己的才能要敬畏有加。因為，一項出類拔萃的才能總是過多地汲取他的力量，使他枯萎、凋落；而另一種缺陷，卻在背後默默地為他加油，滋補他那日益乾涸的泉源，使生命的槓桿保持平衡。

命運包含著改善

不管是整體的趨向，還是局部的發展，都是朝著利益行軍，而且，與生命力發展成正比。

命運包含著改善。如果關於宇宙的陳述不承認它向善的努力，那麼，這種所謂的陳訴就只能似是而非，或者背道而馳。我們必須承認，不管是整體的趨向，還是局部的發展，都是朝著利益行軍，而且，與生命力發展成正比。在任何一個個體的背後，組織的大門已經無聲地關閉了，而在他的面前，自由的大門正轟然洞開——讓我們欣喜吧，因為向我們敞開自身的是更善，是至善！第一批的種類是最低劣、粗糙的物種，它們已經死亡。第二批的種類尚未完善就或者蹣跚在滅亡的道路上，或者等待著昇華，等待著成長為更加高級的物種。而在最近的這一種類中，在人類中，每一種慷慨的行為，每一種嶄新的感知，每一種從同伴那裡索取而來的愛慾與讚頌，都證明他已然步出了命運的峽谷，而進入了自由的廣闊天地。

意志的發展已經突破了組織的桎梏與枷鎖。意志的解放正是這個世界的目的和方向。每一次災難，都不過是一次彌足珍貴的鼓舞和暗示罷了。不管在什麼地方，雖然人類的努力還沒有奏效，但人類卻透過自己的努力顯示出了作為趨勢的方向。動物生命的全部循環，就是一場以牙還牙的戰爭，一場貪婪的戰爭，一場掠奪食物的戰爭……在你死我活的鬥爭中，痛苦的叫喊聲，得意揚揚的哼哼聲，不絕於耳。最終，整個動物園、整個化合而來的總體，都在這廝殺中變得成熟，變得高尚，可以服務於更高層次的用途——只要能夠站在一個足夠高、足夠遠的地方來觀察這一演化過程，人類就應該為這種發展感到高興。

不過，要想洞察命運是如何逐漸地轉變為自由，而自由又是如何逐漸地轉變為命運，我們就得做最仔細的工作：觀察每一種創造物的根系蔓延得有多麼遙遠，或者，如果你能夠做到的話，沿著現有的線索逆流而上，找出他們毫無關聯線索的那一點。我們芸芸眾生的生命是一致的，遙遙相關的。這個自然之結纏繞得如此的巧奪天工，以至於沒有誰有足夠的智慧和技巧去找到它的兩端。自然是錯綜複雜的、相互重疊的、混雜交織的、無窮無盡的。克里斯多福．雷恩曾經這樣談論美麗的國王學院禮拜堂：「如果有誰能告訴他應該在哪裡放下第一塊石頭，他就會再建起一座這樣的建築物。」然而，我們又能到哪裡去尋找這座由人組成的建築物的第一粒原子呢？它的各個部分是那樣的平衡、嚴密，簡直是渾然一體。

過去，在觀察冬眠時，人們發現某些動物在冬季蟄伏，而有些卻在夏季蟄伏。因此，冬眠並不是一個確切的術語。冬眠期間漫長的睡眠並不是由於抵禦寒冷的需要，而是有適宜於該種動物的食品的供應量來加以調適的。每當牠食用的果實或獵物供應不足時，牠就沉入長長的睡眠之中；反之，當食品充足時，牠就從睡眠中甦醒過來，再次煥發出勃勃的生命力。

讓生命自由平衡……………………………………

生命就是自由。生命與自由的量度成正比。你可以毫不猶豫地說，新生之人絕不會暮氣沉沉。

眼睛適於光亮，耳朵適於刺激聽覺的空氣，雙腳適於大地，魚翅適於水，翅膀適於天空……每一種創造物都適宜於造物主在創造它們時意欲讓它們生存的環境，它們之間的關係就像魚和水的關係一樣，極為融洽。每一個地區，都有適合於它的動物群。動物與牠的食物、與牠的寄生蟲、與牠的天敵之間，有著一種親密無間的和諧關係。平衡是最高的法則，因此，平衡的破壞必然帶來災難，而災變必然促使新的平衡產生。

必須保持平衡。不容許有數量上的減少或過剩。對人而言，這種諧調關係也同樣適用。當他到來時，他的食物已經在鍋裡熱騰騰地等待著他的享用了；他的煤在煤坑裡儲備好了；他的房間裡空氣清新；大雨後的泥濘已經變乾；他的同伴們也恰好在同一時刻到達，正滿懷著愛意、演奏著樂曲、飽含著淚水、笑著等待著他。這一切，都不過是一些粗糙的諧調關係。但是，那些無形的諧調關係又隨處可見。上蒼的每一種造物所擁有的東西並不僅僅局限於他的空氣和食物。他的本能需要得到滿足，他的力量也需要透過征服周圍的一切而得到釋放，並且使其適用於他。除非所有無形和有形的東西都適用於他，否則，他無法生存。由此可見，那些但丁和哥倫布的出現，都是在告知我們：天空中和大地上——還有在那更美妙的天空中和大地上——已經發生了一些什麼樣的變化啊！

這一切是如何實現的呢？自然並不是窮奢極欲的暴君，相反，他是一位節衣縮食的勤儉者，他總是透過最巧妙的捷徑來達到自己的目的。正像將軍們對士兵們所說的那樣：「你們想要堡壘，那就自己去建築一個堡壘。」自然也同樣命令自己的每一種造物，讓他們自己動手，豐衣足食——無論它是龐大的星球，抑或它是微小的生物，或是不大不小的動物和植物。星球自己生產自己，細胞也自己製造自己。此後，它們還要製造自己所需之物。每一種動物，都要營造自己的巢穴。一旦有了生命，也就有了自我導向，有了對物質的吸收和利用。

生命就是自由。生命與自由的量度成正比。你可以毫不猶豫地說，新生之人絕不會暮氣沉沉。難道你竟然天真地認為這位正在伸展、輻射、推進的傢伙是可以根據它自己的體重來加以衡量和評價的嗎？或者，你難道認為它是可以包裹在自己的皮膚中的嗎？別忘了，即使是最小的蠟燭也可以用自己的火光照亮至少一英里的地方，而一個人的觸覺所能夠達到的範圍就更加廣闊了，坦白地說，它可以延伸到每一顆星星上去。

當某件事情需要進行的時候，這個世界早在自己包容一切的胸膛中按部就班地制定好了計畫，它清楚地知道，如何開始，如何進行，如何順利地完成。在需要的時候，植物的芽會自動地創造種子、果皮、根莖或刺；第一個細胞會按照要求自動地演化成胃、嘴、鼻或指甲：這個世界自然會讓它過上一個英雄的或者牧羊人的生活，並且把他放置在需要他的位置上。事物一旦成熟，自然會有新人來取而代之。這種順應性並非變化無常。那種隱藏在背後的目標，那種超越它自身的目的，那種使得星球下沉和結晶，因而賦予野獸和人類以生命的相互關係，將不會終止，而會演進成為更加美好的細節，並從更加美好，達到最美好。

個人與時代

所有那些令人們著迷並瘋狂的爭奪和玩弄的玩具：房子、土地、金錢、奢侈、權力、名譽等，都是些完全相同的東西，只不過有那麼一兩片幻覺的薄紗覆蓋在上面，使它們看起來很不相同而已。

這個世界的奧祕在於個人與事件之間千絲萬縷的連繫。個人創造著事件，而事件也同時創造著個人。你們也許會嘀嘀咕咕：什麼是「時期」？什麼又是「時代」呢？難道不就是那些深謀遠慮的人和生龍活虎的個人代表著一個個的時代和時期嗎？

一個人與時代和事件之間的關係，必須像男性和女性之間的關係一樣，或者，必須像一種動物的種類和它的食物或者它所依賴的較為低級的動物種類之間的關係一樣，相互之間保持著一種合適的連繫。人們認為自己的命運是異己的，那是因為人類和命運之間的結合點是潛在的。靈魂之中包含著所有即將降臨於它的所有事件，因為，那些事件只是將自己的思想付諸實現，因而，我們向自己所祈求的東西永遠都會得到認可。事件就是你姿態的影子，它就像你的皮膚一樣適合你。每個人所做的事情都與他自己的相稱：事件就是他的肉體和心靈共同的孩子。我們得知，命運之魂就是我們自己的靈魂，正像哈菲茲所吟誦的：

唉！直到現在我方知曉，
我的嚮導與命運的嚮導竟是一體。

所有那些令人們著迷並瘋狂的爭奪和玩弄的玩具：房子、土地、金錢、奢侈、權力、名譽等，都是些完全相同的東西，只不過有那麼一兩片幻覺的薄紗覆蓋在上面，使它們看起來很不相同而已。而在所有那些令人們願意頭破血流，並且導致他們每天早上都鄭重其事地出去遊行的鼓噪聲和喧鬧聲中，最最令人驚嘆的就是那種讓我們能夠相信事件是獨斷獨行的、獨立於行動之外的聲音，這和寒風呼嘯的日子裡，陽光的溫暖是人們最渴望的東西是一個道理。那些眼睛敏銳的人們，能夠看清楚魔法師操縱他的木偶的頭髮絲，而在連接原因與結果的線索面前，即使最敏銳的眼睛也只能望洋興嘆：我們知道它存在著，就在自己眼皮底下，可是我們卻無法看見它。

命運是個性結出的果實

一個人的命運是他的性格所結出的果實。一個人的朋友是他所具有的魅力。

自然透過把一個人的命運塑造成為一個人的性格所結出的果實，從而十分神奇她讓人與他的命運相匹配。鴨子喜歡在水中遨游；雄鷹喜歡在藍天上搏擊風雨；涉水禽鳥喜歡在海邊漫遊；獵手喜愛浩瀚的森林中無邊的挑戰；員工喜愛會計室裡的精打細算；士兵總是熱切地渴望著前線上的烽火……事件與人也是這樣同根生長：它們是亞種人。生活的樂趣有賴於享受生活的那個人，而不是有賴於工作或場所。生活是一種接近瘋狂的歡喜。

我們清楚愛情常常是多麼的瘋狂而不可理喻——是什麼樣的力量在用上天的色彩刻劃出一個卑劣的物體。正像失去理智的人們對他們的衣著、飲食和其他膳宿狀況漠不關心，正像我們在夢中做出了最為荒謬的舉動之後而仍然安之若素一樣，在我們生活的酒杯裡若再滴入一滴葡萄酒，也就會同樣讓我們與陌生的夥伴和工作和睦相處。

每一種創造物都是從自身出發去發掘自己的環境和範圍：蛞蝓在梨樹葉上含辛茹苦地構築牠黏糊糊的房屋；蚜蟲在蘋果上不辭辛勞地營建床鋪；魚類艱難慘淡地經營牠們的甲殼……人類也一樣，總是在自己的家園中兢兢業業，勞碌不已。年輕的時候，我們用彩虹裝扮自己，我們健步如飛，如黃道帶一般英勇地行走。年老時，我們又流出另一種汗水：痛風、熱病、風溼、古怪、懷疑、焦慮和貪婪。

一個人的命運是他的性格所結出的果實。一個人的朋友是他所具有的魅力。我們向希羅多德和普魯塔克尋求命運的例證，然而我們自己就是例證。每個人都會表現出他天性裡所具有的素養，這種傾向早在古老的信念中就曾有所表達：我們為了逃避自己的命運而付出一切努力，結果卻只會把我們自己引向命運。我曾注意到，一個人喜歡別人表揚他自己的優點，但更喜歡人們恭維他的地位，以此來證明他最根本的或是最全面的卓越之處。

一個人的性格總是在那些出於他自身而且總是陪伴著他的事件中表現出來，雖然表面上看來，他們似乎是異鄉的大街上劈面相遇的陌生人。事件就像伸縮自如的氣球，總是隨著對象的性格而擴充自己。就像他曾經發現自己置身於玩具之中一樣，現在，人類在一個龐大的系統中扮演一個嶄新的角色。而他的成長，會在他的抱負、他的夥伴和他的行為中加以公布。看上去，他彷彿是在碰一次運氣，其實，這不過是一種因果相連的旅行；他是一塊馬賽克，磨好了稜角以便契合於他本該去填充的間隙。因此，在每一座城鎮裡都有那麼一些人，他們的智慧和行為是那座城鎮在耕作、生產、工廠、銀行、教堂、生活方式和社會等方面的一個註釋。假如你未碰巧遇上他們，你所看到的一切就會令你稍稍有些困惑。如果你見到了他們，那麼一切就非常簡單明瞭。

歷史是自然和思想這兩大因素相互作用和反作用的結果，就像兩個男孩在人行道的石欄上相互推拉而達成一種微妙的平衡一樣：每一種事件都是推動者或被推動者，因而物質和心靈處在永恆的傾斜與平衡之中。

當人類軟弱無力之時，地球就會充當他的保護者。他種下他的智慧和情感，漸漸地，他就會用自己的雙手撐起地球，把自己的花園和葡萄園整理得美麗而井然。宇宙中的每一種固體都準備在新輪轂的探索之中化為液體，而化固體為液體的力量正是衡量心靈的標準。假如那堵牆壁仍然堅不可摧，那麼，它就會歸咎於思想的缺失。如果換了一種更為巧妙的力量的話，它就會如輕柔的流水一樣，融化為一種新鮮的形式。

世界是流淌的物質

我們終將獲得我們所尋求的；我們所逃避的也正在逃避我們。

現在，我們正逍遙地生活在這座城市之中。你能告訴我它是什麼嗎？難道它不是順從了某些人的意志而用一些不太和諧的物質堆積起來的嗎？花崗岩並沒有手腳，即使它們有靈巧的手腳，它們也不會心甘情願地堆積起來，是人的手讓它們聚集起來的，所以，人的手更加剛健有力。鐵深深地埋在地底，和石頭緊密地結合在一起，但仍然無法逃離人類無所不化的火焰。木材、石灰、原料、水果、橡膠，它們散布在大地上和海洋上，卻沒有絲毫的用處，然而，在這裡，它們卻在每一位日常勞動者伸手可及之處，任他們隨心所欲。

整個世界都是流淌著的物質，它們流過思想的導線，到達電極和電流的接觸點，並在那裡建設。人類各民族在誕生時都事先擁有一種思想，那思想支配著他們，使他們分化成各種黨派，他們早就武裝齊備，怒火萬丈，準備為這一玄虛的抽象概念而流血犧牲。

我們會發現，在一個時期裡同時出現在舞臺上的人們都是相互關聯的。某些觀念像雲彩一樣懸浮在空中，我們很容易受到它們的感召，因為我們就是由它們構成的。確實，我們都很容易受到感召，但是有一些人一定要勝過其他人，而且，他們總是最先表達出這些觀念。這一點就能夠說明發明和發現為什麼具有那種奇妙的同時共發性：真理懸浮在空中，最敏感的大腦會首先捕捉、顯示它，但是，幾分鐘後，所有的人都會感受到它的召喚。因此，偉大的人物，即那些最受時代精神感染的人，是最容易受到感召的人——他們感覺敏銳，思想靈活，猶如碘之於光線。他們能夠感覺到極其微小的吸引力。他的心靈比其他人的心靈更加健全，因此，他能夠感受到如藕斷絲連般細小的水流：這種水流只能用一根小心翼翼地保持著平衡的針去試探才能感知。

在缺陷之中也表現著人類的相互關係。在人的整體結構中，與此相類似的統一性卻具有相當劇烈的危害，並且不停地四處滲透瀰漫：血液中的蕪雜會出現在論點中；肩部的隆肉會出現在言談和手工製品中。如果我們可以透視心靈，那麼那塊隆肉就可以在他的心靈中被發現。如果某個人的嗓音中有一種前後滾動的聲音，那麼那聲音一定會竄入他的語句、他的詩歌、他的寓言的結構、他的思索、他的仁慈。而且，由於每個人都被他自己的惡魔所追獵，都為他自己的疾病而煩惱，這一點也就會阻礙他所有的活動。

所以，任何一個人，如同任何一棵植物，也都有自己的寄生蟲。一位強悍、嚴厲、易怒的人也許會面臨著比現在正侵蝕著我的樹葉的蛞蝓和蛀蟲更加殘暴的敵人。這樣的一種人會受到像鼻蟲、蛀蟲和刀蟲的騷擾：首先是一個騙子咬噬他；然後是一位訴訟委託人；接著，就是一位庸醫登臺亮相；最後，就是那些紳士們，他們圓滑世故、巧舌如簧。

我們可以推測這種確實存在著的相互關係。如果確實有線索的話，思想就可以追蹤和顯示它們，就像鏡子總是顯現人的面容一樣。尤其是當一個人的靈魂敏捷且柔順的時候。喬叟唱道：

或是人們推論，

這靈魂本身純正的素養，

自能預知未來，
因而假借幻景隱喻，
以警惕每種遭遇，
可惜這類誡示，
往往過於隱蔽，
人們的肉身，
竟無從領悟。

某些人是由韻律、巧合、預兆、週期和先見之明構成的，他們碰見了他們正要尋找的那個人，就像肉身找到了自己的靈魂一樣默契：他們的夥伴正準備對他們說的話，他們卻首先對他說了出來。成百上千的信號為他們預示著即將降臨的事變。

這張表面看來如同野草一樣蕪雜的網是多麼的錯落有致啊！面對著紛紜複雜的大自然，我們驚詫萬分：蒼蠅是如何找到它的配偶的？然而，年復一年，我們都能發現兩個男人或兩個女人，在沒有法律的或肉體的連繫的情況下，十分親近地度過他們大部分最美好的時光。我們由此而得到的啟示是：我們終將獲得我們所尋求的；我們所逃避的也正在逃避我們。正如歌德所說的：「我們年輕時所企求的一切，在我們年老時會成堆地向我們壓過來。」我們的禱告獲得了滿足，可我們卻常常備受其苦。因此，千萬千萬要謹慎。由於我們肯定能夠滿足我們的願望，我們就得小心，我們只能追求崇高的東西。

關於人類狀況的奧祕

無論是什麼樣的東西使你癱瘓或麻痺，請不要在抱怨中荒廢了時光，因為，造化總是隨之以某種形式的神力來補償你。

關於命運、自由和先知這類人類最為古老的奧祕，我們別無他法，而只有一種解答，一種解答方式，那就是：建立雙重意識！人類必須輪流地騎在兩匹馬身上——一個是他的個體屬性，一個是他的公共屬性——就像技藝超群的馬術師在馬戲場裡靈活地從一匹馬身上跳到另一匹馬身上，或者是一隻腳踏在這匹馬背上，而另一隻腳又踏在那一匹馬背上。因此，當一個人成為命運的犧牲品時，就會有坐骨神經痛襲擊他的腰部，有痙攣麻痺他的心靈；就像他的手腳會發生畸變一樣，他的智慧也扭曲變形；他就會有一張尖酸刻薄的臉和自私自利的脾氣；他虛浮的步伐暗示著他趾高氣揚的心態；自負和狂妄就會占據他狹小的心靈……這樣，在與宇宙重新相遇的時候，他就會重整旗鼓，他的犧牲使這種連繫受益匪淺。他擺脫了那頭受苦受難的惡魔，他將站在上帝的一邊。透過他的痛苦，上帝促成了天地萬物的利益。

為了彌補自己的缺陷，使自己在人種和氣質方面高貴，請你接受這教訓吧：在整個自然中，都有著兩種因素同時巧妙地共存著，因此，無論是什麼樣的東西使你癱瘓或麻痺，請不要在抱怨中荒廢了時光，因為，造化總是隨之以某種形式的神力來補償你。善的意圖總是以意想不到的突發性力量來裝備自己。當一位神靈打算遨遊宇宙之時，任何碎片和石子都會綻放出智慧的花朵，長出四隻帶有翅膀的腳，成為神靈的坐騎。

讓我們為神聖的統一性建立起聖壇吧！是它把自然和靈魂渾然一體地安排在一起，並驅使每一粒原子去服務於一個共同的目的。面對著雪花、貝殼、夏天的景色或繁星的閃爍，我一點也不驚訝，它們不過是自然再也普通不過的造物而已。但是，面對著宇宙之上至善至美的必然性，我卻不由自主地驚嘆萬分。所有的一切都是而且必然是如圖如畫。美麗的彩虹、彎彎曲曲的地平線、藍色蒼穹的拱頂……這一切不過是視覺器官的產物。我沒有必要聽從那些愚蠢的業餘愛好者的幫助，讚美那滿園的花朵、鍍滿金色陽光的雲彩或瀑布，我不是盲人，不會對那輝煌燦爛的光輝與優美熟視無睹，但是，我更知道，在四處選取偶然的火花是多麼的無聊。是內心的必然性把美麗的玫瑰就插在這混沌的世界的眉頭上，從而揭示出大自然要求和諧與歡樂的內在意圖。

讓我們為美妙的必然性建立起聖壇吧！假如在這種意義上我們可以認為人類是自由的，那麼，偶然異想天開的意志就可以戰勝事物的法則。這種意志就完完全全是這樣一種意志，好像一個孩子稚嫩的手也能把太陽從空中拽下，儘管這不過是偶然中的偶然。假如一個人可以打亂自然的秩序，哪怕這只是最偶然的情況，那麼，還有誰會接受生命這種禮物呢？

讓我們為美妙的必然性建立起聖壇吧。是它確保了天地萬物和諧一致的構造；是它確保了原告與被告、朋友與敵人、動物與星球、食物與食者都屬於同一種類。在天文學上，空間雖然浩渺無際，但是卻沒有任何異質的元素在這個系統之內作祟。在地質學上，雖然時間無始無終，但是過去的法則和現在的法則卻沒有什麼不同。為什麼我們要畏懼自然呢，難道它不是「哲學與神學的化身」？為什麼我們要害怕被粗野的自然力碾壓得粉碎，難道我們不是由這些相同的自然元素構成的？讓我們拋棄一切私心雜念，向著美妙的必然性的天空飛翔吧！是它讓人類認清自己的前途，讓他們勇敢地相信他們無法躲避命中注定的危險，也無法招來並未預定的危險。讓我們向這種必然性的天空靠近、靠近、再靠近吧！是它或粗暴或柔和地教育人類應該洞察這個世界上並沒有什麼所謂的偶然性，而法則才是這個世界的真正主宰。它的名字叫智慧——它既不是個人的智慧，也不是與個人全無關聯的智慧。它藐視詞句，超越理解。它溶解個人。它賦予自然以蓬勃的生機。然而，在純潔的心靈面前，它也懇請他們，去汲取它無限的威力。

電子書購買

國家圖書館出版品預行編目資料

怎樣思想，就有怎樣的生活！愛默生談自我實現：人的一切痛苦，本質都是對自己無能的憤怒 / [美] 愛默生（Ralph Waldo Emerson）著，金雨 譯 . -- 第一版 . -- 臺北市：崧燁文化事業有限公司 , 2023.07

面；　公分

POD 版

譯自 : Life is what you think.

ISBN 978-626-357-442-7(平裝)

1.CST: 愛默生 (Emerson, Ralph Waldo, 1803-1882)

2.CST: 學術思想

145.35　　112008812

怎樣思想，就有怎樣的生活！愛默生談自我實現：人的一切痛苦，本質都是對自己無能的憤怒

臉書

作　　者：[美] 愛默生（Ralph Waldo Emerson）

翻　　譯：金雨

發 行 人：黃振庭

出 版 者：崧燁文化事業有限公司

發 行 者：崧燁文化事業有限公司

E-mail：sonbookservice@gmail.com

粉 絲 頁：https://www.facebook.com/sonbookss/

網　　址：https://sonbook.net/

地　　址：台北市中正區重慶南路一段六十一號八樓 815 室

Rm. 815, 8F., No.61, Sec. 1, Chongqing S. Rd., Zhongzheng Dist., Taipei City 100, Taiwan

電　　話：(02)2370-3310　　**傳　　真**：(02) 2388-1990

印　　刷：京峯數位服務有限公司

律師顧問：廣華律師事務所 張珮琦律師

定　　價：350 元

發行日期：2023 年 07 月第一版

◎本書以 POD 印製

Design Assets from Freepik.com